KÖPKE
12

TOP 20

Die besten Torhüter der Welt

Karlheinz Mrazek

COPRESS SPORT

Inhalt

Ein Meister der Lüfte: Rinat Dassajew

Konzentriert beim Training: Bodo Illgner

Spaßvogel Sepp Maier

Die Attraktion der Bundesliga: Jean-Marie Pfaff

Ein Kraftprotz mit viel Temperamen

ter Schmeichel

ZU DIESEM BUCH

Gute Torhüter sind für eine Fußballmannschaft Gold wert. Sie sind imstande, Niederlagen ihres Teams abzuwenden oder den Sieg zu retten. Ein Fehlpaß im Mittelfeld, ein Fehlschuß des Stürmers, all das wiegt leicht gegen einen Fehlgriff des Torhüters, dessen Folgen endgültig sind.
Der Part der Torhüter erinnert an Gulliver, den gefesselten Riesen. Sie haben den Überblick, erkennen die Gefahr, können aber nicht eingreifen. Das zehrt an den Nerven – und fördert Kurzschlußhandlungen.
Bei Elfmetern stehen Torhüter wie unter Starkstrom. Auge in Auge mit dem Schützen haben sie nur eine kleine Chance, das Duell zu gewinnen – für Österreichs berühmten Schriftsteller Peter Handke übrigens der Anstoß zu seinem Prosatext »Die Angst des Tormanns beim Elfmeter«. Gewinnen sie diesen Zweikampf, werden sie gefeiert wie einst die Gladiatoren im alten Rom.
So wie Toni Schumacher bei der WM in Spanien und in Mexiko, wo er im Elfmeterschießen je zwei Strafstöße parierte und die deutsche Mannschaft ins Finale bzw. ins Halbfinale brachte. Oder wie Bodo Illgner bei der WM in Italien, wo er den Schuß des Engländers Pearce abwehrte und so die Tür zum Endspiel aufstieß, oder wie Andreas Köpke bei der EM 1996 in England, wo er im Elfmeterschießen des Halbfinales Sieger gegen den Engländer Southgate blieb.
Schumacher, Illgner und Köpke gehören zu den Torhütern, die in den letzten Jahrzehnten überragende Leistungen zeigten und deshalb ihren Platz im Band »Top 20 – Die besten Torhüter der Welt« verdienen – ein Buch, in dem natürlich auch Stars wie Andoni Zubizarreta, der Italiener Dino Zoff, der Engländer Gordon Banks, der Schwede Thomas Ravelli, der Däne Peter Schmeichel, der Österreicher Friedl Koncilia, Sepp Maier oder Rußlands Torhüterlegende Lew Jaschin nicht fehlen.

Karlheinz Mrazek

TOP 20

GORDON BANKS

Ein Deutscher war sein Vorbild

Überragende Leistungen als Torhüter bei zwei Weltmeisterschaften zeigte der Engländer Gordon Banks.

Rechte Seite: Die Maxime des Gordon Banks: möglichst immer dort stehen, wo der Ball landet.

»Banks war für mich der beste Torhüter des WM-Turniers 1970 und wahrscheinlich sogar der beste Abwehrspieler überhaupt.« (Pelé)

Auf Deutschlands (autolosen) Straßen spielten die Kinder nach dem Zweiten Weltkrieg »Stuhlfauth« oder »Kress«, in Österreich »Hiden«, in Italien »Combi« und in Spanien »Zamora«. Englands Kids identifizierten sich mit Frank Swift, dem Nationaltorhüter von Manchester City, der 1958 beim Absturz der Maschine mit der Mannschaft von Manchester United – er selbst war damals Journalist – den Tod fand. Nur der kleine Gordon Banks tanzte aus der Reihe: Der Junge aus der Grafschaft Staffordshire wollte einmal so werden wie der Deutsche Bernd Trautmann.

Aversion gegen Hechtsprünge

Der Bremer Bernd Trautmann war als Kriegsgefangener auf der Insel geblieben, 1949 von Manchester City verpflichtet worden und im Cupfinale gegen Birmingham City 1956 zur Legende geworden, als er mit einem Nackenwirbelbruch bis zum Abpfiff durchhielt und seinem Klub den 3:1-Sieg sichern half. »Bernd Trautmann, o Mann, habe ich den bewundert. Ich habe alles zu kopieren versucht, was er gemacht hat. Ball angeln und ganz schnell wieder abspielen«, erzählte Gordon Banks einmal nach dem Abschluß seiner Karriere, die in der Schülerauswahl von Sheffield begann. Schon beim Elfjährigen schimmerten die Qualitäten durch, die ihn zum Ausnahmetorhüter werden lassen sollten: Gordon Banks legte großen Wert darauf, den Ball unspektakulär zu fangen und möglichst dort zu stehen, wo der Ball landet. »Ich bin ungern gehechtet, weil immer die Gefahr besteht, daß du gerade am Boden krabbelst, und ehe du wieder oben bist, ist er drin«, sagte er einmal.

Schon als Heranwachsender gab er sich größte Mühe, das Interesse der großen Sheffielder Klubs Wednesday und United zu wecken. Doch die rührten sich nicht. Und so sagte Banks mit 14 Jahren dem Fußball erst mal ade. Er begann eine Maurerlehre, um die sich, wie aus einer Kurzbiographie hervorgeht, eine schicksalhafte Begebenheit rankt:

Der Bus zur richtigen Zeit

An einem Samstag im Oktober 1953 sollten er und seine Kollegen ein paar Überstunden machen. Doch als sie zur Baustelle kamen, ging gerade ein Regenguß nieder. Deshalb wurde die Arbeit abgeblasen. Banks begab sich zur Bushaltestelle. Dort hatte er die Wahl zwischen zwei Linien. Die eine fuhr direkt in die Straße in Sheffield, in der er wohnte, die andere hielt 400 Meter entfernt und führte an einem Sportplatz vorbei.

Banks nahm den Bus, der als erster kam – die zweite Linie. Als er ausstieg,

KARRIERE-HIGHLIGHTS

Nachdem sich England bei der WM 1962 in Chile im Viertelfinale mit einem 1:3 gegen den späteren Weltmeister Brasilien verabschiedet und auch die erste Runde im Europapokal der Nationalmannschaften nicht überstanden hatte, hielt der neue Teamchef Alf Ramsey, Nachfolger von Walter Winterbottom, die Zeit reif für einen Torhütertausch. Eine 2:5-Schlappe in Paris gegen Frankreich war für Ron Springett das Aus und für Gordon Banks der **Start in eine goldene Zukunft.** Mit Banks sollte England die besten Jahre auf internationalem Bankett erleben. **1966** wurde das Team mit »Banksie« (sein Spitzname) im Tor **Weltmeister** durch ein 4:2 **im dramatischen Zwei-Stunden-Finale** gegen Deutschland. Die Siegermannschaft spielte mit: Banks; Cohen, Jack Charlton, Moore, Wilson; Stiles, Bobby Charlton, Peters; Ball, Hurst und Hunt. Hurst (3) und Peters(1) erzielten die Tore.

Ohne Banks, dessen **Markenzeichen ein gelber Sweater** war, unterlag der Titelverteidiger vier Jahre später bei der WM in Mexiko im Viertelfinale den Deutschen in der Verlängerung mit 2:3. Banks, bis dato auch in Mexiko der stärkste Torhüter des Turniers, suchte eine Nacht vor dem Spiel in Leon eine schwere Darmgrippe heim. Ersatzmann Peter Bonetti begünstigte mit schlimmen Stellungsfehlern den deutschen Sieg.

1972 galt England mit Banks, Moore, Ball, Peters und Hurst, fünf Weltmeistern von 1966, **als EM-Favorit**, mußte sich aber im **Viertelfinale** in Wembley dem späteren Europameister Deutschland 1:3 beugen. Dabei hatte Banks das Pech, daß der Ball bei einem Elfmeter von Günter Netzer von der Hand des englischen Torhüters an den Pfosten und von da zum 1:2 über die Torlinie sprang.

Zweimal erreichte Gordon Banks mit Leicester City das **englische Cupfinale. 1961** unterlag die Mannschaft den Tottenham Hotspurs mit 0:2, **1963** Manchester United mit 1:3.

Englands Sportjournalisten wählten ihn **1972** zum **Fußballer des Jahres.** Schon vorher hatte ihn Queen Elizabeth zum **Mitglied des »Order of the British Empire«** ernannt.

»In den Siebzigern waren Erfahrung und Abgeklärtheit gefragt, nicht die Show. Coole Torhüter eben. Wie Jaschin, Tilkowski oder Banks.« (Gordon Banks in einem Gespräch mit seinem deutschen Torhüterkollegen Hans Tilkowski im Juni 1994)

hatte es aufgehört zu regnen. So blieb er am Sportplatz stehen, wo sich gerade das Team der Stahlwerker für ein Spiel fertigmachte. Einer der Spieler war ein alter Bekannter aus der gemeinsamen Schulzeit. »He, Gordon, kannst du uns helfen? Unser Torwart ist nicht erschienen«, rief er ihm zu – Banks lieh sich einen Pullover und ging in langer Zivilhose und mit Arbeitsschuhen ins Tor. In diesem Spiel hielt er so gut, daß er aufgefordert wurde, in einer Woche wiederzukommen. Von diesem Augenblick an konnte er von einer Profikarriere träumen.

Eine Schraube im Arm

Mit 17 Jahren wechselte er zum Chesterfield Football Club. Doch ehe er den versprochenen Profivertrag bekam, passierte ein Malheur: Im Amateurspiel gegen Sheffield Wednesday erlitt er einen Armbruch unterhalb des Ellenbogens. Im Krankenhaus wurde ihm eine Schraube eingesetzt; sie hält bis zum Lebensende die Knochen zusammen. Zum Handicap wurde die Schraube nie. Eher schon störte die Einberufung zum Militär seine sportliche Entwicklung. Seine Einheit war in der Nähe von Braunschweig stationiert. Auf Vereinskosten durfte er Woche für Woche zurück auf die Insel fliegen und die Spiele der English Midland League bestreiten. In dieser Liga spielte er auch gegen Bobby Charlton und Roger Hunt, die damals in der Reserve von Manchester United bzw. FC Liverpool kickten.
Während seiner Militärzeit bekam er ein Angebot des FC Königslutter. Und

DATEN UND FAKTEN

Geboren am 30. Dezember 1937
Geburtsort: Tamworth (Grafschaft Staffordshire)

Klubs: Milsquaw Paugh Steel Work FC (1953–1954), Romarsh Welfare (1954–1955), Chesterfield FC (1955–1959), Leicester City (1959–1967), Stoke City (1967–1972), Fort Lauderdale Strikers (1975–1977).

Mit Leicester City Pokalfinalist 1961, 1963, Liga-Pokalsieger 1964.
293 Ligaspiele für Leicester City, 194 für Stoke City, 73 Länderspiele.
Weltmeister 1966
WM-Teilnehmer 1962 (ohne Spiel), 1970
Fußballer des Jahres 1972 in England
Torhüter des Jahres 1977 in den USA.

seine spätere Frau – eine Deutsche, die er in seiner Zeit als Soldat kennenlernte, hätte natürlich nichts dagegen gehabt, wenn er dort geblieben wäre. Doch Gordon Banks zog es zurück in die Heimat, zum englischen Fußball.

Für 7000 Pfund nach Leicester

Das Glück wollte es, daß Matt Gillies, der aus Chesterfield stammende Manager des Erstligaklubs Leicester City, regelmäßig die Ortszeitung erhielt und auf diese Weise erfuhr, daß ein gewisser Gordon Banks, 1,85 m groß, 88 kg schwer, im Tor von Chesterfield konstant gute Leistungen ablieferte. Schon nach der ersten »Inspektion« stand für Gillies fest: Den Burschen hole ich nach Leicester. Für 7000 Pfund, damals etwa 70 000 Mark, gab Chesterfield den 20jährigen her.
Im Klub setzte sich Banks durch, doch für die Nationalmannschaft brauchte er Geduld, nachdem ein Spiel für England mit der »U 23« gegen die DDR eher ein Reinfall war. Nach der WM

1962 in Chile zog er Nutzen aus einer sich anbahnenden Wachablösung: Banks wurde der Nachfolger von Ron Springett und ein gelber Sweater sein Markenzeichen.
Bei der WM 1966 im eigenen Lande mußte er in sechs Spielen nur dreimal den Ball aus dem Netz fischen; Im 2:1-Halbfinalsieg gegen Portugal bezwang ihn Eusebio (mit einem Elfmeter), im Finale gegen Deutschland schafften das Helmut Haller und Wolfgang Weber. Vier Jahre später gehörte sogar Brasiliens Lichtgestalt Pelé zu seinen Bewunderern. In seiner Autobiographie schildert dieser schwärmerisch eine Szene aus dem WM-Spiel gegen England (1:0 für Brasilien): »Jairzinho flankte den Ball wunderbar vor das Tor. Ich köpfte den Ball genau in die Ecke, während der englische Torhüter Banks in der anderen stand – ich startete bereits meinen Torschrei, als Banks mit einem Sprung, wie man ihn bei einem Lachs in der Stromschnelle beobachtet, den Ball mit den Fingerspitzen über die Latte lenkte! Es war meiner Meinung nach die größte Leistung, die ein Torhüter in diesem Turnier vollbrachte.«

Auf einem Auge blind

Drei Jahre vor der WM in Mexiko hatte Banks Leicester City verlassen, als ihm zu Ohren gekommen war, daß ihm der 17jährige Peter Shilton vor die Nase gesetzt werden sollte. Stoke City sicherte sich die Dienste des 30jährigen und zahlte eine halbe Million Mark Ablöse. Fünf Jahre lang hatte der Klub große Freude am prominenten Schlußmann, ehe ein Autounfall seine Karriere stoppte: Banks erblindete auf einem Auge und wurde Jugendtrainer.

Im Spätherbst seiner Fußball-Karriere ist er durch einen Autounfall auf einem Auge erblindet: Gordon Banks

Mit 40 Torhüter des Jahres

Doch der Torhüter a. D. wollte sich nicht an den Gedanken gewöhnen, nie mehr zwischen den Pfosten zu stehen. Die Fort Lauderdale Strikers in Florida gaben ihm 1975 einen Zweijahresvertrag. Banks stellte fest: »Das gesunde Auge hatte sich mit der Zeit daran gewöhnt, die Geschwindigkeit des Balles zu berechnen.« In den Staaten wurde er, wie ein Kritiker vermerkte, »das vielbestaunte Mirakel im grellbunten Fußball-Show-Business der North American Soccer League«. Zum Abschied wählte die US-Fachpresse den 40jährigen zum »Torhüter des Jahres«.

TOP 20

ERICH BURGENER

Mit 64 Länderspielen kann sich Erich Burgener Rekordtorhüter der Schweiz nennen.

Rechte Seite: Ein glücklicher Moment war für Erich Burgener der Pokalsieg 1981 mit Lausanne Sports.

Sein größter Traum blieb unerfüllt

Es erging ihm ein bißchen wie Heinz Hermann oder René Botteron, zwei höchst kreativen Spielgestaltern der Schweiz. Denn auch für Erich Burgener blieb sein größter Traum unerfüllt, nämlich der, sein Können einmal bei einer Welt- oder Europameisterschaft vor einem Millionenpublikum zeigen zu können.

Das zumindest hatte ihm Karl Elsener, sein Vorbild und Vorgänger in der Nationalmannschaft, voraus. Elsener stand zweimal bei Weltmeisterschaften im Tor der Eidgenossen, 1962 in Chile und 1966 in England. Dabei flo-

gen ihm allerdings 1966 in Sheffield im Spiel gegen Deutschland ganz schön die Bälle um die Ohren. Beckenbauer, Haller (je 2) und Held schossen einen 5:0-Sieg heraus.

Die verpaßte WM

Auch für Erich Burgener war das Ziel »Weltmeisterschaft« greifbar nahe. In den Qualifikationsspielen für Spanien hatte sich die Mannschaft mit dem Walliser im Tor, den Brüdern Heinz und Herbert Hermann, Botteron, Claudio Sulser, Umberto Barberis und Rudi Elsener nach 2:1-Siegen gegen England in Basel und gegen Rumänien in Bukarest eine gute Ausgangsposition geschaffen, vier Tage nach der Sensation von Bukarest das Punktekapital jedoch gleich wieder verspielt. In Budapest mußte die Schweiz bei der 0:3-Niederlage gegen Ungarn die WM-Hoffnungen begraben.

Der Rekordtorhüter

So bleibt Erich Burgener der Trost, der Rekordnationaltorhüter der Alpenrepublik zu sein. 64mal wurde er für die Schweiz nominiert und (fast) immer war er die Zuverlässigkeit in Person. Krisen hielten bei ihm nie allzu lange an. Egal, wer gerade das Sagen hatte als Nationaltrainer, sie alle konnten sicher sein, daß Erich Burgener seine Leistung bringt und gutes Benehmen zeigt. Weder Schiedsrichter noch gegnerische Spieler und schon gar nicht Kollegen der eigenen Mannschaft hatten von ihm etwas zu befürchten. Eskapaden und Affekthandlungen widersprachen seinem Charakter.

KARRIERE-HIGHLIGHTS

Zweimal kämpfte Erich Burgener mit der Schweizer Nationalmannschaft um die Fahrkarte zur WM, und zweimal scheiterte er in der Qualifikation, 1982 erst auf der Zielgeraden, als 2:1-Siege über England und Rumänien durch ein 0:3 in Ungarn wieder verspielt wurden. Mehr als die Hälfte seiner **64 Länderspiele**, mit denen er als Torhüter in der Schweiz **souveräner Rekordhalter** ist, beendete der gelernte Bauzeichner aus dem Oberwallis als Verlierer.
Seinen **höchsten Länderspielsieg** feierte er im November **1974** in Bern mit 3:0 gegen Portugal.
Mit Lausanne Sports wurde er **1981 Schweizer Pokalsieger**, wechselte anschließend zu Servette Genf und holte mit dem Klub zwei Titel, **1985** die **Landesmeisterschaft**, **1984** den **Pokal.**
Im Europapokal scheiterte er mit Servette jeweils im Achtelfinale, im Meisterpokal mit 0:0 und 0:1 an der schottischen Mannschaft FC Aberdeen, im Pokalsiegerwettbewerb mit 1:2 und 0:1 am FC Larissa aus Griechenland.

»Spieler wie Erich Burgener sind für Trainer ein Geschenk.« (Sein väterlicher Förderer Frank Séchehaye)

Einen großen Beitrag zu seinem Aufstieg leistete Frank Séchehaye, mit 37 Länderspielen in der Schweizer Rekordliste gleich hinter Burgener plaziert. Lausanne Sports leistete sich den Luxus, ihn als Torwarttrainer zu beschäftigen. Als Burgener 19 war, holte ihn Séchehaye aus Roran im Oberwallis in die Stadt in der französischen Schweiz. Gern erinnert sich der Torhüter an diesen gravierenden Einschnitt in seinem Fußballeben: »Frank Séchehaye schaute sich öfter Spiele in Roran an. Danach kam es zu einer Aussprache mit meinem damaligen Trainer Peter Troger. Sion machte zwar das gleiche Angebot (etwa 50 000 Franken) mit gleichen Bedingungen für mich, doch ich zog Lausanne vor.« Sein Argument: »Es gibt immer gewisse Ressentiments zwischen Ober- und Unterwallis, und vor mir hatte Wampfler (ebenfalls aus Raron, später Erfolgsprofi beim FC Basel) den Kontakt in Sion auch nicht so recht gefunden.«

Nach der WM '74 war er die Nummer eins

Mit 22 Jahren durfte Erich Burgener bei Trainer Roger Vonlanthen sein Debüt in der Nationalmannschaft geben. Nach dem 1:0 im Juni 1973 in Bern gegen Schottland schrieben die Zeitungen: »Burgener hat seine Feuertaufe bestanden.« Dennoch mußte er anschließend den Routiniers Mario Prosperi und René Deck wieder den Vortritt lassen. Er wußte genau wie sein väterlicher Förderer Séchehaye, daß er Defizite hatte. Erst nach der WM 1974, die die Schweiz mit Prosperi und Deck im Tor in der Qualifikation verspielt hatte, besaß Burgener die Klasse, die ihn unentbehrlich für die Nationalmannschaft machte. Die Medien waren von seiner Entwicklung fasziniert. »Burgener vereinigt alles in sich, was den echten Stürmerschreck zu prägen pflegt. Die Größe, die ihm gestattet, hohe Bälle ohne jegliche Mühe zu ›pflücken‹. Das Gewicht, das ihm erlaubt, stämmig und eindrucksvoll zwischen den Pfosten zu stehen. Unwahrscheinliche Reflexe, die ihn katzengewandt auf verborgene Torschußabsichten reagieren lassen. Die Routine, die ihm ermöglicht, rechtzeitig und sicher aus dem Tor zu spurten und im Umkreis von elf Metern für Ordnung zu sorgen«, stellte ihm ein Kritiker ein prächtiges Zeugnis aus.

DATEN UND FAKTEN

Geboren am 15. Februar 1951
Geburtsort: Raron (Oberwallis)

Klubs: FC Raron (1965–1970), Lausanne Sports (1970–1981), Servette Genf (1981–1986)
Mit Lausanne Sports Pokalsieger 1981, mit Servette Genf Landesmeister 1985, Pokalsieger 1984
64 Länderspiele

Seine Größe gestattete Torhüter Erich Burgener, hohe Bälle ohne Mühe zu »pflücken«.

Bei Länderspielen gegen Deutschland stand Erich Burgener zweimal im Tor. Im September 1974 unterlag die Schweiz in Basel der DFB-Auswahl mit 1:2, im November 1977 in Stuttgart mit 1:4. Ein Treffer aus dem Spiel in Stuttgart, ein Fallrückzieher von Klaus Fischer, wurde »Tor des Jahres« und war viele Jahre lang Blickfang im Fernsehen.

Der Weg aus der Krise

Im Herbst 1979 geriet Burgener in ein Leistungstief. Ohne »Ziehvater« Séchehaye, der Sparmaßnahmen bei Lausanne Sports zum Opfer gefallen war, verlor der Torhüter sein Selbstvertrauen und vorübergehend seinen Stammplatz in der Nationalmannschaft. »Nur er versteht es, mich über eine ganze Saison hinweg auf dem höchsten Leistungsniveau zu halten«, versuchte er den Klubvorstand zur Wiedereinstellung von Séchehaye zu bewegen und hatte Erfolg.

Der Wechsel zu Ajax scheiterte

1981 verließ er Lausanne und wechselte zu Servette Genf. Von Lausanne Sports hatte er sich nicht immer korrekt behandelt gefühlt. So soll der Klub ihm von einer Offerte des RSC Anderlecht überhaupt nicht berichtet haben. Ein Transfer des Torhüters zum holländischen Starklub Ajax Amsterdam kam 1980 nur deshalb nicht zustande, weil Lausanne 150000 Franken – eine für damalige Verhältnisse immense Summe – mehr haben wollte, als die Holländer zu zahlen bereit waren.

TOP 20

JÜRGEN CROY

Torwart, Volksheld und Bürgermeister

»In den letzten Jahren sah ich im Celtic Park keinen besseren Torhüter als Croy.« (John Clark, Trainer von Celtic Glasgow nach dem 1:1 im Europapokal 1976)

Zum Helden war er nicht geboren. Von Natur aus eher zurückhaltend, seine Worte stets abwägend und dem Staat gegenüber loyal, entsprach er genau dem Bild, das die Sportfunktionäre zwischen Elbe und Oder von einem Vorzeige-Athleten der DDR hatten. Trotzdem fiel Jürgen Croy aus dem Rahmen. Seine sportlichen Leistungen über viele Jahre hinweg, verhaltene Freude selbst bei großen Siegen und vielleicht auch die gelegentliche Weigerung, zu allem ja und amen zu sagen oder zu schweigen, machten ihn zu einer Kultfigur in seiner Heimatstadt Zwickau.

Dresden? Nein danke

Der Stadt in Westsachsen hielt er die Treue – koste es, was es wolle, im Extremfall

Jürgen Croy avancierte in seiner sächsischen Heimatstadt Zwickau zur Kultfigur des DDR-Fußballs.

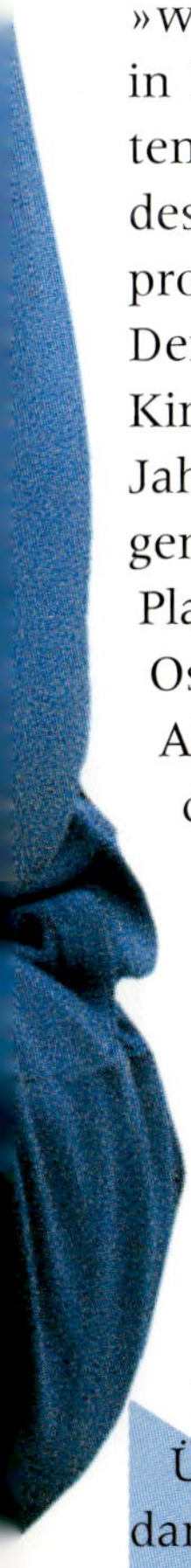

sogar die Karriere. Die drohte vorübergehend in Gefahr zu geraten, als sich Jürgen Croy dem Wunsche hoher Funktionäre widersetzte, sein Können zum Ruhme des DDR-Sports in einer größeren Stadt bei einem leistungsstärkeren Klub einzubringen. Dynamo Dresden, der Klub der Volkspolizei, bemühte sich besonders intensiv um den Zwickauer. Seine ablehnende Haltung verteidigte er mit einem Argument, das den Bewerberklub wehrlos machte: »In Zwickau«, erklärte er, »werde ich in jedem Spiel gefordert, in Dresden nicht mal in jedem zweiten.« So blieb er der Stadt am Fuße des Erzgebirges, in der der Trabant produziert wurde, erhalten.

Dem Fußball konnte Jürgen Croy als Kind nur schwer entgehen. Als er zwei Jahre alt war, gewann die Sportgemeinschaft des Zwickauer Stadtteils Planitz, in dem er geboren wurde, die Ostzonenmeisterschaft. Schon als Abc-Schütze konnte er die Namen der Spieler aufsagen, die Freiimfelde Halle im Finale 1:0 besiegt hatten.

Den ersten Ball schenkte ihm der Vater zum Schulanfang. Wie sein Onkel hatte er Fußball gespielt und wie der Onkel auch das Tor gehütet. Doch der Filius fühlte sich in der ersten Zeit bei »Karl-Marx« Zwickau im Felde wohler. Horst Przybilla, sein verdienstvoller Übungsleiter, überzeugte den Jürgen dann, daß er der ideale Torhüter sei.

Zuviel der Eile

1963 schloß er sich dem Oberligaklub Sachsenring Zwickau an. Zwei Jahre später kannte man seinen Namen schon außerhalb der DDR: Beim UEFA-Turnier der Junioren in der Bundesrepublik wies er auf sein

KARRIERE-HIGHLIGHTS

Beim 1:0 in Hälsingborg gegen Schweden 1967 stand Jürgen Croy zum ersten Male im Länderspieltor. Unter Georg Buschner, der 1970 Harald Seeger ablöste, wurde das sein Stammplatz. Nur Wolfgang Blochwitz mußte er hier und da den Vortritt lassen.

1972 gewann Croy mit der DDR-Auswahl in München **olympische Bronze** durch ein 2:2 gegen die Sowjetunion. In der zweiten Finalrunde wurde das von Jupp Derwall betreute Team der Bundesrepublik (u.a. Uli Hoeneß, Ottmar Hitzfeld, Bernd Nickel) mit 3:2 geschlagen.

1974 gelang der Mannschaft Croy, Bransch, Kische, Weise, Wätzlich, Lauck, Irmscher (Hamann), Kreische, Kurbjuweit, Sparwasser und Martin Hoffmann eine **Weltsensation**, als sie bei der **WM** die DFB-Auswahl in Hamburg mit 1:0 bezwang und so vor der Schön-Truppe Gruppensieger wurde. In der zweiten Finalrunde hielt sich die DDR beachtlich. Dem 0:1 gegen Brasilien (durch ein Freistoßtor von Rivelino) folgte ein 0:2 gegen Holland und ein 1:1 gegen Argentinien.

Zwei Jahre später, **1976**, wurde das Team Croy, Dörner, Kische, Weise, Kurbjuweit, Lauck, Häfner, Schade, Löwe (Gröbner), Riediger (Bransch) und Hoffmann in Montreal durch ein 3:1 im Finale gegen Polen **Olympiasieger.**

1975 holte Zwickau dank Croy den **DDR-Pokal**. Im Finale gegen Dynamo Dresden hielt der Torhüter im abschließenden Elfmeterschießen zwei Strafstöße und verwandelte dann selbst zum entscheidenden 4:3.

Eine ähnliche Glanzleistung vollbrachte Croy im **Europapokal** im Herbst **1975** gegen den AC Florenz im Rückspiel in Zwickau. Mit dem 1:0 machten die Sachsen das 0:1 vom Hinspiel wett und erzwangen ein Elfmeterschießen, in dem Antognoni seinen Strafstoß verschoß, Croy traf und seine Crew so ins Viertelfinale brachte. Hier trotzte Sachsenring Celtic Glasgow im Celtic Park ein 1:1 ab. In diesem Spiel hielt Croy einen Elfmeter von Bobby Lennox, der schon 1967 mit dem Klub der Katholiken den Europapokal der Landesmeister gewonnen hatte. »In den letzten Jahren sah ich im Celtic Park keinen besseren Torhüter als Croy«, schwärmte Celtic-Trainer John Clark von dem Zwickauer, der auch im Rückspiel eine phantastische Leistung bot und das 1:0 über die Zeit bringen half.

Im Halbfinale war dann der RSC Anderlecht mit den Holland-Stars Haan, Rensenbrink und Ressel und den belgischen Nationalspielern Coeck, Van der Elst und Vercauteren eine zu hohe Hürde. Sachsenring unterlag dem späteren Europapokalsieger zweimal, zu Hause 0:3, in Brüssel 0:2.

Dreimal wählten die DDR-Sportjournalisten Croy zum **Spieler des Jahres** (**1972**, **1976** und **1978**), und auch in der **Super-Elf der DDR** bekam er seinen Platz. Croy, Dörner, Urbanczyk, Bransch, Weise, Erler, Schröter, Nöldner, Kaiser, Peter Ducke und Streich hieß die Mannschaft, für die sich 100 Prominente 1989 bei einer Umfrage der Ostberliner Fußball-Woche entschieden.

DATEN UND FAKTEN

Geboren am 19. Oktober 1946
Geburtsort: Zwickau-Planitz

Klubs: Aktivist Karl-Marx Zwickau (1956–1965), Sachsenring Zwickau (1965–1981)
Mit Sachsenring DDR-Pokalsieger 1975

372 Oberligaspiele
94 Länderspiele
WM-Teilnehmer 1974
Olympiasieger 1976, Olympiadritter 1972
Fußballer des Jahres 1972, 1976, 1978

Rechte Seite: Ein großer Tag im Leben des Jürgen Croy war jener, an dem er in Hamburg mit der DDR-Auswahl das WM-Spiel gegen die Bundesrepublik Deutschland mit 1:0 gewann.

außergewöhnliches Talent hin, half er mit erstaunlich gutem Stellungsspiel und großer Fangsicherheit, die Engländer im Finale mit 3:2 zu bezwingen.
Fehler unterliefen Croy, der nach bestandener Lehre als Elektromonteur an der Pädagogischen Hochschule »Ernst Schneller« in Zwickau studierte, nur selten. Ein gravierender passierte ihm allerdings in einem Oberligaspiel bei Stahl Riesa, als er längst Nationalspieler war. In dem Glauben, der Schuß würde knapp am Tor vorbeistreichen, lief er vorauseilend um den Pfosten herum, um den Ball zurückzuholen. Just in diesem Augenblick landete der Ball im Torwinkel.
Solche »Zwischenfälle« konnten ihm freilich nichts anhaben. Zu wertvoll war Jürgen Croy für die Nationalmannschaft und den Oberligaklub Sachsenring Zwickau. Seine Kollegen schätzten seine Ausgeglichenheit, seine Fairneß und seine Toleranz. Nie attackierte er Mitspieler, die gepatzt hatten. »Das nutzt keinem was, das verunsichert nur«, war sein Standpunkt, mit dem er Freunde gewann. Zudem war Croy ein gesuchter Gesprächspartner, weil er druckreif, witzig und klug zu formulieren verstand.

Mit der DDR-Auswahl 1976 Olympiasieger

Zum Volkshelden avancierte er letztlich durch seine sensationellen Taten im Tor, vor allem in den Jahren zwischen 1974 und 1977. Das großartige Abschneiden der DDR bei der WM 1974 in der Bundesrepublik, der Olympiasieg 1976 in Montreal oder das Erreichen des Halbfinales im Europapokal 1977 mit Sachsenring Zwickau wären ohne die exzellente Arbeit von Jürgen Croy nicht möglich gewesen (siehe auch Karriere-Highlights).
Die Triumphe mit der Nationalmannschaft und Sachsenring Zwickau verschafften ihm ein Ansehen, von dem er auch nach der Wende profitierte: Mit deutlicher Mehrheit wurde Jürgen Croy vom Zwickauer Stadtrat zum Bürgermeister, zuständig für Schule, Sport und Kultur, gewählt, obwohl er, was eigentlich gewünscht war, keiner Partei nahestand.

Die großen Drei: Croy, Schumann und Fröbe

In der »Süddeutschen Zeitung« beschrieb Birk Meinhardt das Phänomen Croy nach einem Besuch in der Autostadt subtil und prägnant: »Er hat den parteiübergreifenden Status eines Sohnes dieser Stadt, er kommt in Zwickau gleich nach Robert Schumann, für manche sogar noch davor: Von Schumann haben sie schon mal etwas gehört, den dort geborenen Gert Fröbe haben sie gesehen und Croy haben sie bejubelt. Von 1965 bis 1981 war er hier Torwart, 94mal hat er für die DDR gespielt, unter anderem am 22. Juni 1974, an dem die DDR bei der Weltmeisterschaft die Bundesrepublik mit einem Tor demütigte. Aber diese Zahlen sind den Zwickauern egal. Für sie ist nur wichtig, daß Jürgen Croy nie weggegangen ist. Daß er durchgehalten hat in der Provinz, aus der doch immer die besten Kräfte abgezogen werden.«

DDR

TOP 20

RINAT DASSAJEW

Später Reichtum dank Perestroika

Als Kind wollte er Brustschwimmer werden, doch weil ihn oft Armbeschwerden plagten, ließ er sich vom Vater überreden, es einmal mit Fußball zu versuchen. So wurde aus der »Wasserratte« Rinat Dassajew der erfolgreichste Torhüter der Sowjetunion seit Lew Jaschin.

Der berühmte Vorgänger bezeichnete den Spieler von Spartak Moskau selbst einmal als seinen legitimen Nachfolger und entdeckte Ähnlichkeiten: Wie Jaschin sah er die Spielzüge des Gegners oft im voraus und konnte so das Feuer austreten, bevor es richtig ausgebrochen war. Wie Jaschin fühlte er sich als eine Art zweiter Libero und machte er den Strafraum zu seinem Refugium. Dassajew, dem sie wegen seiner Fangsicherheit und seiner hochgewachsenen Gestalt (nur 77 kg bei einer Größe von 1,87 m) den Namen »Spinne« gaben, hatte das Glück, mit 20 Jahren in die Hände von Konstantin Beskow zu geraten. Beskow, in den siebziger und achtziger Jahren der nationale Gegenspieler des Kiewer Erfolgstrainers Walerie Lobanowski, nahm sich des hochbegabten Schülers mit beinahe väterlicher Liebe an. Das Ergebnis kontinuierlichen gemeinsamen Schaffens in harmonischer Atmosphäre konnte sich sehen lassen: In elf Jahren Zusammenarbeit wurde Spartak Moskau zweimal Landesmeister und fünfmal Vizemeister, was bei der schier erdrückenden Konkurrenz von Dynamo Kiew eine beachtliche Bilanz ist. Der Eliteklub aus der Ukraine erfreute sich damals der ungebremsten Förderung des erfolgsorientierten Staatlichen Sportkomitees und war somit das Sammelbecken aktueller und Kaderschmiede angehender sowjetischer Nationalspieler.

Blochin hat er den Rang abgelaufen

Es war kein Zufall, daß der feinsinnige Dassajew, der sich nebenbei zum Diplom-Sportlehrer ausbilden ließ und mit Literaten und Theaterleuten ver-

Wimpeltausch zwischen zwei Großen des Weltfußballs: der Holländer Ruud Gullit und der Russe Rinat Dassajew

Linke Seite: Bei der EM 1988 erhielt Rinat Dassajew, der mit der UdSSR-Auswahl das Finale erreichte, Komplimente von allen Seiten.

KARRIERE-HIGHLIGHTS

Seinen ersten Titel gewann Rinat Dassajew **1979** mit Spartak Moskau, als der Klub der Gewerkschaften **Landesmeister** wurde. Acht Jahre später gelang das ein **zweites Mal**. **Internationales Renommee** verschaffte sich der Diplom-Sportlehrer **bei zwei Weltmeisterschaften**: **1982** verpaßte die UdSSR mit einem überragenden Torhüter Dassajew das Halbfinale nur deshalb, weil Polen in der zweiten Finalrunde gegen Belgien höher gewann als die Sowjets. Vier Jahre später, **1986**, scheiterte eine spielerisch ebenfalls hochklassige russische Mannschaft an den Belgiern im Achtelfinale mit 3:4 in der Verlängerung. **1988** zeigten die Sowjets spektakulären Fußball bei der **EM** in Deutschland und Dassajew Leistungen, die sogar Hollands Fußballidol Johan Cruyff vom Sitz rissen. »Er war sehr, sehr gut, **der beste Mann auf dem Platz**«, schwärmte König Johan nach dem 1:0-Auftaktsieg der Sowjets gegen seine Landsleute. Die Begeisterung für die Mannschaft aus dem Ostblock hielt bis zum **Finale** an, in dem sich die Holländer mit 2:0 revanchierten und Dassajew gegen die Prachttore von Gullit und Van Basten chancenlos war.

Nach der EM wählten die IFFH (International Federation of Football History & Statistics) Dassajew zum **weltbesten Torhüter des Jahres 1988**. Die meisten Gegentreffer auf internationaler Bühne kassierte Dassajew im November 1987 im UEFA-Pokal, als Werder Bremen Spartak im Weserstadion 6:2 schlug und damit die 1:4-Niederlage im Hinspiel gegenstandslos machte.

»Ich gehe davon aus, daß nahezu alle Tore zu verhindern sind. Man muß sich richtig stellen oder im richtigen Augenblick die Flugbahn des Balles berechnen.«

CCCP

Auch im Bodenkampf um den Ball war er meist Herr der Situation: Rinat Dassajew, der wegen seiner extrem schlanken Figur »Die Spinne« genannt wurde.

Rechte Seite: Nach seiner großen WM 1986 in Mexiko bemühten sich namhafte Weltklubs um Rinat Dassajew, doch der Verband sagte »Njet«.

DATEN UND FAKTEN

Geboren am 13. Juli 1957 Geburtsort: Astrachan Klubs: Wolgar Astrachan (1967–1977), Spartak Moskau (1977–1988), FC Sevilla (1988–1991) Mit Spartak Moskau Landesmeister	1979, 1987 94 Länderspiele WM-Teilnehmer 1982, 1986, 1990 EM-Teilnehmer 1988 Olympiadritter 1980 Fußballer des Jahres 1982 1986 und 1987 in die Weltauswahl berufen

kehrte, seine besten Leistungen in der Zeit ablieferte, in der Beskow seine Bezugsperson war.

Bei der WM 1982 in Spanien übertrugen die Verbands-Oberen das Amt des Nationaltrainers zur Abwechslung einmal Konstantin Beskow. Dassajew brachte das den entscheidenden Kick als Nationalspieler. Die Hofschreiber der gleichgeschalteten Presse hofften, daß Stürmerstar Oleg Blochin mit seinen Toren den Ruhm des Sowjetsports mehren werde, doch in der Backofenhitze von Malaga und Sevilla lief Torhüter Dassajew dem Liebling der Nomenklatura den Rang ab.

Primus inter pares

Der Torhüter aus Moskau gestattete lediglich vier Spielern ein Erfolgserlebnis: Den Brasilianern Sócrates und Eder und den Schotten Jordan und Souness. In der zweiten Finalrunde gelang es überhaupt keinem Stürmer mehr, Dassajew zu bezwingen. Ungeschlagen verpaßte die Sowjetunion das Halbfinale, weil sie in zwei Spielen (0:0 gegen Polen, 1:0 gegen Belgien) nur ein Tor zustande brachte. Die Polen besiegten Belgien mit 3:0.

»Er denkt jeden Spielzug mit, handelt unauffällig, mutig und entschlossen.« (Lew Jaschin über Rinat Dassajew)

Nach dem Aus erhielt Dassajew Streicheleinheiten vom Trainer und Höchstnoten von den Medien, für die er neben dem Deutschen Toni Schumacher, dem Engländer Shilton, dem Polen Mlynarczik und N'Kono aus Kamerun der herausragende WM-Torhüter war, für viele Kritiker sogar der Primus inter pares. Blochin aber mußte sich von Beskow sagen lassen, als Vorbild versagt zu haben.

Vier Jahre später hatten Lobanowski und seine »Staatsschauspieler« (Spottname für Dynamo Kiew) die Macht in der Nationalmannschaft übernommen – zum Verdruß von Dassajew, der dennoch erste Wahl blieb und auch bei der WM in Mexiko seine Qualitäten hinreichend beweisen konnte. Neben ihm genossen nur noch sein Spartak-Kollege Rodionow und Aleijnikow aus Minsk das Privileg, die Kiewer Dynamo-Mannschaft, die Wochen zuvor im Europapokalfinale der Cupsieger Atletico Madrid 3:0 »weggeblasen« hatte, bei der WM verstärken zu dürfen.

Der HSV als Mitbewerber

Nach dem unglücklichen Aus der sowjetischen Mannschaft im Achtelfinale – die Belgier siegten in der Verlängerung mit 4:3 – wurde Dassajew, in Mexiko erneut eine der Lichtgestalten in einem starken russischen Team, von westlichen Einkäufern belagert. Doch noch griff die von Michail Gorbatschow eingeleitete Perestroika nicht, und der Torhüter mußte, wie andere Nationalspieler auch, die Interessenten, u.a. Manchester United und den HSV, vertrösten.

CCCP

Aufbruch gen Westen

1988 öffnete sich dann der Vorhang. Altstar Oleg Blochin machte im März den Anfang, wurde Profi beim österreichischen Zweitligaklub Vorwärts Steyr. Es folgten Wagis Chidijatulin von Spartak Moskau, der zum FC Toulouse wechselte, Alexander Sawarow (von Kiew zu Juventus Turin) und schließlich Rinat Dassajew, für den der FC Sevilla zwei Millionen Dollar Ablöse zahlte.

Danach vermarkteten Oleg Kusnezow (1989 von Kiew zu den Glasgow Rangers), Sergej Aleijnikow (1989 von Minsk zu Juventus Turin, später zu US Lecce), Igor Belanow (1989 von Kiew zu Borussia Mönchengladbach, später zu Eintracht Braunschweig), Gennadi Litowtschenko und Oleg Protassow (beide 1990 von Kiew zu Olympiakos Piräus), Alexander Michailitschenko (1991 von Kiew zu Sampdoria Genua, später zu den Glasgow Rangers) und Igor Schalimow (1991 von Spartak Moskau zu US Foggia, später zu Inter Mailand) ihr Können.

Die Mannschaft der UdSSR (zweiter von rechts Rinat Dassajew) war bei der EM 1988 die große Überraschung: Erst im Finale wurde sie von der holländischen Elf gestoppt.

Abgesang bei der WM 1990

Bei der WM 1990 mußte Lobanowski viele seiner Kandidaten also aus dem Ausland holen, und natürlich auch Rinat Dassajew, für den die WM in Italien zum Abgesang werden sollte. Nach der 0:2-Auftaktniederlage gegen Rumänien kreidete ihm Lobanowski das erste Tor an und stellte ihn nicht mehr auf. Der Spanien-Profi mußte Alexej Uwarow von Dynamo Moskau Platz machen – ein Tausch, der nichts brachte. Nach der Vorrunde trat die Mannschaft der UdSSR als Gruppenletzter die Heimfahrt an und Lobanowski als Nationaltrainer zurück.

Für Dassajew ging auch im sonnigen Andalusien die Sonne unter. Im November 1990 besuchte »Sport« Zürich den Russen in Sevilla und registrierte beim Training: »Ins Tor darf er nicht, dort hat man längst auf andere gesetzt, aber weil Sevilla derzeit viele Verletzte hat, bleibt für Rinat ein Platz als Feldspieler frei, und so müht er sich sechzig Minuten lang als Mittelstürmer ab.«

Dassajew beklagte sein Schicksal nicht. 500 000 Dollar pro Jahr, so war zu lesen, sei dem spanischen Klub die Unterschrift des Russen wert gewesen. Ein schönes Trostpflaster für sportliche Schmach, und für den Torhüter aus Moskau die Gelegenheit, auf seine alten Fußballtage Millionär zu werden – dank des FC Sevilla, aber auch dank der Perestroika.

BODO ILLGNER

TOP 20

Schon mit 19 eine feste Größe

»Crash-Kurse für Persönlichkeitsentwicklungen gibt es nicht. Man sollte so natürlich wie möglich sein – damit kommt man weiter.« (Bodo Illgner)

Sein Aufstieg vollzog sich in schwindelerregendem Tempo. Sportler, die charakterlich weniger gefestigt sind als Bodo Illgner, wären wohl, vom eigenen Erfolg berauscht, in luftige Höhen entschwebt und dann mit Getöse abgestürzt. Noch nicht mal 20 Jahre alt, bekam der gebürtige Koblenzer beim 1. FC Köln die Chance, Stammspieler der Bundesligamannschaft zu werden – als Nachfolger von Toni Schumacher, der Enthüllungen in seinem Buch »Anpfiff« mit dem Verlust des Arbeitsplatzes und dem Ausschluß aus der Nationalmannschaft bezahlte.

Franz Beckenbauer erkannte seine außergewöhnlichen Fähigkeiten rechtzeitig vor der WM in Italien und wurde mit Nationaltorhüter Bodo Illgner 1990 Weltmeister.

KARRIERE-HIGHLIGHTS

Mit der »U 16« wurde Bodo Illgner **1984 Europameister**. Im Finale schlug die DFB-Auswahl in Ulm den Nachwuchs der Sowjetunion mit 2:0.
Im Februar 1987 beförderte die fristlose Entlassung von Nationaltorhüter Toni Schumacher den Sohn eines Bundeswehrbeamten ins Bundesligator des 1. FC Köln. Im September 1987 durfte er, 20 Jahre jung, bei Franz Beckenbauer sein Debüt in der Nationalmannschaft geben. Gegen Dänemark gab es in Hamburg einen 1:0-Sieg.
Bei der EM 1988 in Deutschland von Eike Immel verdrängt und zwischendurch auch außer Form geraten, meldete er sich vor der **WM in Italien** rechtzeitig in optimaler Verfassung zurück. Durch ein 1:0 über Titelverteidiger Argentinien (Elfmetertor durch Brehme) wurde die Mannschaft Illgner, Augenthaler, Kohler, Buchwald, Berthold (73. Min. Reuter), Littbarski, Matthäus, Häßler, Brehme, Klinsmann, Völler **Weltmeister**. An dem Triumph hatte Illgner großen Anteil. Im Halbfinale gegen England parierte er im abschließenden Elfmeterschießen den Strafstoß von Stuart Pearce, der die Tür zum Finale öffnete. Zwei Jahre später stand er in der Mannschaft, die bei der **EM in Schweden** das **Endspiel** erreichte und hier Dänemark mit 0:2 unterlag.
Mit Christoph Daum als Trainer und Bodo Illgner als Torhüter wurde der 1. FC Köln 1989 und 1990 Bundesligazweiter hinter Bayern München, was nicht als optimaler Erfolg angesehen wurde. »Mit der Mannschaft hätte das auch der Busfahrer geschafft«, hielten die Kritiker dem allzu selbstgefälligen Trainer entgegen. Der 1. FC Köln hatte in diesen Jahren das wohl beste Spielerpotential der Bundesliga: Neben Illgner, Littbarski, Häßler, Kohler, Steiner, Engels, Rahn, Thomas Allofs sowie die dänischen Nationalspieler Olsen und Povlsen – eine Ansammlung von Nationalspielern.
1990 spielte sich die Mannschaft ins **Halbfinale des UEFA-Pokals** und lieferte hier dem späteren Cupgewinner Juventus Turin spannende Duelle. Die Spiele endeten 2:3 und 0:0.

Rechte Seite: Durch überragende Leistungen im Tor, aber auch durch sein korrektes Auftreten außerhalb des Fußballstadions verdiente sich Bodo Illgner beim 1. FC Köln einen Ausnahmestatus.

Bis dahin hatte der athletische Jungprofi im Februar 1986 ein paar Minuten lang Bundesligaluft schnuppern dürfen, als er in München für den mit einer roten Karte belasteten Schumacher einsprang (siehe auch: Der Kurzauftritt). Die Fachwelt staunte, wie sicher sich der Youngster, der als Zwölfjähriger Bezirksmeister im Freistilschwimmen war, im »Haifischbecken Bundesliga« bewegte. Der junge Illgner war seinen Altersgenossen meilenweit voraus, bestach durch sein souveränes Auftreten im Tor ebenso wie vor der Fernsehkamera. Das merkte auch Teamchef Franz Beckenbauer ganz schnell. Schon im April 1987, also zwei Monate nach seinem Einstand als Stammtorhüter der Kölner, berief er ihn in den Kreis der Nationalmannschaft, und im September des Jahres stand Illgner zum ersten Mal im Länderspieltor. Beim 1:0 gegen Dänemark in Hamburg überraschte er die Kritiker mit seiner Ruhe und Übersicht und nach dem Spiel die Medien mit seiner geschliffenen Rhetorik.

Kann zuviel Krafttraining schaden?

»Bodo ist kein Durchschnittsmensch und für sein Alter schon sehr, sehr weit«, stellte Beckenbauer fest. Das hinderte den Teamchef nicht, Illgner immer wieder mal zu enttäuschen bzw. auf die Bank zu setzen. So gab er bei der EM 1988 in Deutschland Eike Immel, der damals beim VfB Stuttgart spielte, den Vorzug vor dem Rheinländer und monierte, daß Illgner zuviel Krafttraining betreibe. Bundestorwarttrainer Sepp Maier bat er, mehr Schnell- und Sprungkraft zu trainieren, »sonst kann der bei Bodybuilding-Meisterschaften gewinnen, aber keinen Ball fangen«. DFB-Trainer

uhlsport
Ford

DATEN UND FAKTEN

Geboren am 7. April 1967
Geburtsort: Koblenz

Klubs: 1. FC Bonn-Hardtberg (1981–1985), 1. FC Köln (seit 1985)

Mit dem 1. FC Köln UEFA-Pokal-Halbfinalist 1990, DFB-Pokal-Finalist 1991
54 Länderspiele
Weltmeister 1990
WM-Teilnehmer 1994
EM-Teilnehmer 1988, 1992

Berti Vogts schloß sich der Meinung Beckenbauers an.

Der Diplomat im Torwartpulli

Derartige Anwürfe waren freilich nicht geeignet, Illgner aus der Ruhe oder gar in Rage zu bringen. Mit Vehemenz wehrte er sich Ende der achtziger Jahre allerdings gegen die Unterstellung, er sei ein Vertreter der Yuppie-Generation, nur weil er als Jungnationalspieler mehr verdiente als ein Bundesminister. Mitnichten, so beteuerte er in sachlichem Ton, sei er ein Repräsentant dieser ganz auf Erfolg und Selbstdarstellung fixierten Zeitgeisttypen. Weder trage er exklusive Accessoires noch entspräche er deren Denkmuster.
Freche oder provokante Sprüche wie die von Paul Breitner in jungen Jahren kamen Illgner freilich nicht über die Lippen. Er war, wenn man so will, ein Diplomat im Torwartpulli. Das änderte sich erst, als er auf dem Gipfelpunkt seiner Karriere angekommen war, in Italien Weltmeister wurde und dort trotz seiner 23 Jahre zu den großen Torhütern des Turniers gezählt wurde.

Die Kritik am Präsidentschaftskandidaten

Beim 1. FC Köln machte er von seiner Eloquenz regen Gebrauch. Seine Worte hatten beim Klub ähnliches Gewicht wie die seines Weltmeisterkollegen Pierre Littbarski. Gemeinsam kritisierten sie, daß sich Klaus Hartmann in den neunziger Jahren als Präsident zur Wahl stellte. Als Vorsitzender des Verwaltungsrates habe er schließlich die Kandidatur des CDU-Ratsherren Dietmar Artzinger-Bolten gutgeheißen und dessen verheerender Personal- und Finanzpolitik tatenlos zugesehen. Konsequenzen mußten die »Protestanten« nicht fürchten; seit der WM 1990 standen sie sozusagen unter »Denkmalschutz«.

Ein Schock für die Fans

Im Januar 1994 setzte Bodo Illgner vorübergehend seine Popularität aufs Spiel. Der Karlsruher SC war auf der Suche nach einem gleichwertigen Ersatz für Oliver Kahn (der sich für Bayern München entschieden hatte) und Bodo Illgner bereit, nach Baden zu wechseln. Mit Ehefrau Bianca, als Verhandlungspartnerin eine ähnlich zähe Streiterin wie Bernd Schusters Frau Gaby, hatte er erreicht, daß Winfried Schäfer einem Vierjahresvertrag mit rund einer Million Mark Jahresgage zustimmte.

DER KURZAUFTRITT

Noch keine 19 Jahre alt, stand Bodo Illgner am 22. Februar 1986 in München zum ersten Mal im Bundesligator – eine Viertelstunde lang. Beim Stand von 2:1 für den FC Bayern zeigte Schiedsrichter Föckler Toni Schumacher wegen eines angeblichen Fouls an Roland Wohlfarth die rote Karte. Eine Minute nach Betreten des Platzes kassierte Illgner sein erstes Bundesligator, Lothar Matthäus verwandelte einen Elfmeter zum 3:1-Endstand.
Das DFB-Sportgericht verurteilte Toni Schumacher zwar zu vier Wochen Sperre, doch das DFB-Bundesgericht sprach ihn anschließend frei, so daß Illgner, der am Vormittag des Debüts am Gymnasium in Bonn-Hardtberg noch eine Mathe-Arbeit geschrieben hatte, wieder zurück auf die Ersatzbank mußte.

Diese Nachricht schockierte die Fans des 1. FC Köln allerdings weniger als sein Spruch: »Ich muß nicht jeden Tag den Dom sehen.« In einer Leserumfrage des Kölner EXPRESS plädierten daraufhin 98 Prozent dafür, Illgner laufen zu lassen. Doch noch ehe die vereinbarte Woche Bedenkzeit verstrichen war, sagten die Badener ab. Sie hatten keinen Sponsor gefunden, der sich am Illgner-Gehalt beteiligte.

Die Rettung vor dem Abstieg 1996

So blieben die Kölner zu ihrem Glück auf dem Torhüter »sitzen«. Ohne Illgner wäre der Klub mit dem springenden Geißbock auf dem Trikot 1996 mit Sicherheit abgestiegen. In den wichtigen Spielen um den Klassenerhalt tauchte er Woche für Woche beim »Kölner Stadtanzeiger« in der Rubrik »Überragend« auf und strafte den Bundesligaausschuß-Vorsitzenden Mayer-Vorfelder aus Stuttgart Lügen. Der Schwabe, der Illgner nach der EM 1992 in Schweden am liebsten eigenhändig aus der Nationalmannschaft geworfen hätte, hatte gegen den Kölner gehetzt: »Ein guter Torwart hält auch mal einen Unhaltbaren. Das schafft der nie.«
Sogenannte »Unhaltbare« hielt Illgner in der Saison 95/96 ein ganzes Dutzend. Nach seiner Glanzpartie beim 2:3 der Kölner im Mai 1996 in München sagte Bayern-Interimstrainer Beckenbauer: »Ein Jammer, daß der Bodo vor zwei Jahren als Nationalspieler zurückgetreten ist.«
Dieser Rücktritt wirbelte viel Staub in der deutschen Medienlandschaft auf.

Beherrscht, sogar in der Stunde höchsten Fußballglücks: Bodo Illgner als Weltmeister nach dem 1:0-Finalsieg über Argentinien

Er war das Resultat einer Art Haßliebe zwischen Illgner und Vogts, der, als er noch die »U 21« betreute, von dem Torhüter ohne Macken höchst angetan und später sogar dessen Hochzeitsgast war. Dabei legte Illgner stets Wert auf die Feststellung, daß die Initiative von seiner Frau ausging. Sie und Monika Vogts arbeiteten jahrelang gemeinsam bei einer Fluglinie.
Vielleicht wollte sich Vogts auch nur nicht nachsagen lassen, er habe an Illgner, dem er 1990 einen Platz in seiner Super-WM-Elf zugestand, einen Narren gefressen. Auf jeden Fall ließ er sich von den Medien ins Schlepptau nehmen, die sich, wohl auch des quotenbringenden und auflagenfördernden Spektakels wegen, für Kahn und Köpke stark machten. Dem »Spiegel« war schwer zu widersprechen, wenn er schrieb: »Als der Stuttgarter Vereinspräsident Gerhard Mayer-Vorfelder, im Hauptberuf CDU-Fi-

LUB
nter

Was wäre der 1. FC Köln ohne ihn: Mit seinen Glanztaten bewahrte Bodo Illgner den rheinischen Traditionsklub erst 1996 wieder vor dem Abstieg.

Konzentriert bis in die Haarspitzen: Bodo Illgner bei der WM 1994, nach der er überraschend als Nationalspieler zurücktrat

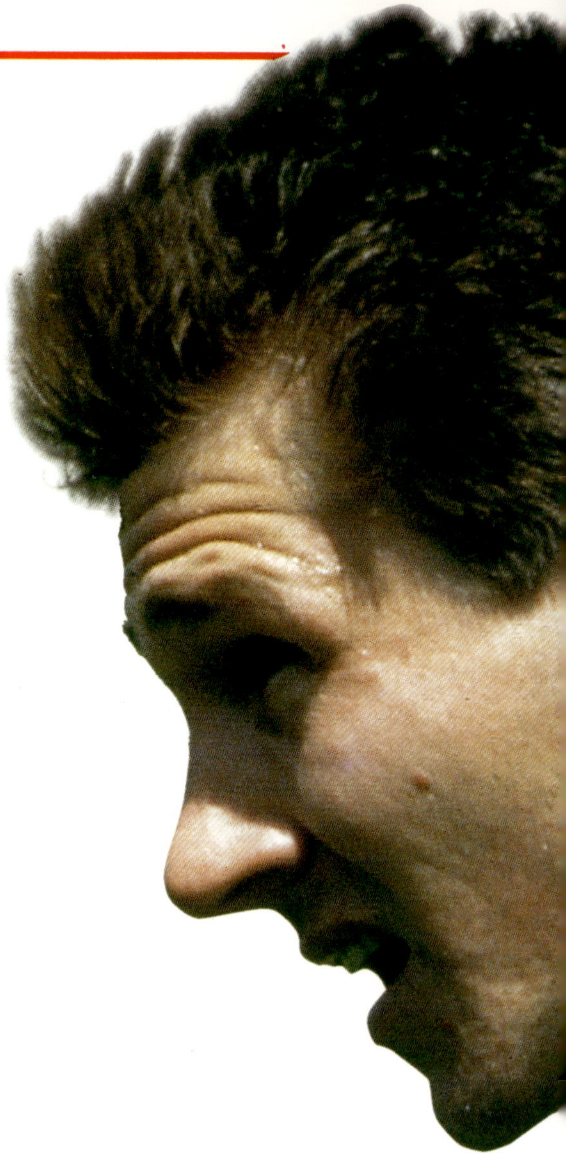

nanzminister von Baden-Württemberg, und mithin für Vogts eine Autorität, nach der Europameisterschaft die Leistung des Torstehers bekrittelte, stellte der Bundestrainer eilig den Nürnberger Konkurrenten Andreas Köpke zwischen die Pfosten.«

Solidarität mit Effenberg

Bei der WM 1994 in den USA habe er, wie er selbst verbreitete, letztlich Illgner nur deshalb den Vorzug vor Köpke gegeben, weil Sepp Maier für den Mann mit der größeren Erfahrung plädiert hatte. Illgner konnten solche »Eröffnungen« nicht aufregen, schon gar nicht nach seinem Rücktritt aus der Nationalmannschaft unmittelbar nach dem WM-Aus gegen Bulgarien, dessen Motive er bis in die Gegenwart hinein für sich behielt. Berti Vogts bellte wie ein Terrier: »Wäre er nicht zurückgetreten, hätte ich ihn rausgeschmissen. Ich habe mich bei Andreas Köpke dafür entschuldigt, daß ich die falsche Entscheidung getroffen habe«, zitierte ihn »Bild«.

Ähnlich rigoros rechnete Berti Vogts nur noch mit Stefan Effenberg ab. Der Gleichklang der Worte – Vogts über Effenberg: »Es war ein Fehler, ihn mitzunehmen. Ich hätte ihn schon 1992 rausschmeißen müssen.« – war möglicherweise kein Zufall: Illgner hatte – wie Thomas Häßler auch – weiter zu Effenberg gehalten, als dieser vom DFB-Chef Egidius Braun wie acht Jahre zuvor Uli Stein aus moralischen Gründen aus dem WM-Kader ausgeschlossen worden war.

Anders als der Bundestrainer, der den Säbel herausholte, zog Illgner das Florett: »Ich weiß gar nicht, warum sich der Herr Vogts so aufregt. Durch meinen Rücktritt habe ich ihn nach der mißglückten Weltmeisterschaft doch weitgehend aus der Schußlinie gezogen.«

»Schon als junger Spieler besaß Bodo Illgner Tugenden, die auch große Torhüter erst im Laufe der Jahre entwickeln: Ruhe, eine Sicherheit, die sich auf die Mitspieler überträgt, und Spielübersicht.« (Jürgen Grabowski)

Ziel: dritte WM 1998

Trotz anhaltender Differenzen mit dem amtierenden Bundestrainer strebt Bodo Illgner für die WM 1998 in Frankreich ein Comeback an, frei nach dem alten Motto: Ein gestandener Nationalspieler bringt es auf drei Weltmeisterschaften. Ein Spruch, der von Berti Vogts stammt…

DEUTSCHER FUSSBALL-BUND

TOP 20

LEW JASCHIN

Schon zu Lebzeiten war er eine Legende: Lew Jaschin, den Michail Gorbatschow 1989 als ersten Sportler des Landes zum »Helden der sozialistischen Arbeit« ernannte

»Lew Jaschin strahlte eine menschliche Wärme aus, die in unserer Branche nicht häufig zu spüren ist.« (Franz Beckenbauer)

Im Strafraum so souverän wie auf der Torlinie

Als 14jähriger mußte er seinen Beitrag zum Sieg über Nazi-Deutschland leisten: Im Flugzeugmotorenwerk »Roter Oktober« stand er an der Drehbank und träumte mehr vom Frieden als von sportlichen Triumphen. Stalingrad war gefallen und die Zuversicht groß, daß der Krieg für die Sowjetunion ein baldiges und gutes Ende nähme. Zu dieser Zeit – um die Jahreswende 1943/44 – gab es noch keine Hinweise darauf, daß der großgewachsene Junge mit den Storchenbeinen einmal Glanztaten im Fußballtor vollbringen werde. Lew Jaschin schwärmte für Basketball und Volleyball.

Der Glücksfall Chomitsch

Erst nach dem Krieg, als er zum Militär kam – Jaschin diente als Mechaniker bei der Luftwaffe –, entdeckte er seine Liebe für den Fußball. Der Zufall wollte es, daß rechtzeitig der berühmte Alexej »Tiger« Chomitsch seinen Weg kreuzte. Der Dynamo-Torhüter war bei einer Großbritannien-Tournee 1945 in der Sowjetunion zum Idol und für Jaschin zum Vorbild geworden. Jaschin hatte mit glänzenden Augen die Berichte über Dynamo Moskaus Siege auf der Insel (10:1 über Cardiff City, 4:3 über Arsenal London) verschlungen und gelesen, daß Chomitsch neben den Stürmern Konstantin Beskow und Wsewolod Michailow Bobrow eine überragende Rolle gespielt habe.

Dynamo-Trainer Arkadij Tschernjschew bat den Dynamo-Torhüter, sich doch einmal den »langen Lulatsch« im Tor der Soldatenmannschaft »Flügel der Sowjets« anzuschauen, der durch seine Fangkünste und ungewöhnlichen Strafraum-Ausflüge die Aufmerksamkeit auf sich lenkte. Was Chomitsch sah, überzeugte ihn. Und so landete der gelernte Fräser Lew Jaschin nach Ablauf seiner Militärzeit beinahe zwangsläufig bei Dynamo Moskau, wo der etwas hüftsteife Jüngling eine höchst umfassende Ausbildung erhalten sollte: Tag für Tag mußte Jaschin bis zu sechs Stunden neben dem Torwarttraining, dessen Leitung sich Chomitsch vorbehielt, Gymnastik treiben, schwimmen, vom Turm springen, auf der Aschenbahn laufen, werfen, stoßen und springen, im Turnsaal Gewichte stemmen, boxen, ringen und Basketball und Volleyball spielen. Im Winter standen zudem Eishockeyspielen, Skilaufen und Eislaufen auf dem Programm.

Am wichtigsten aber waren Jaschin die Stunden mit Chomitsch. Dem Lehrer fiel auf, daß der Schüler allzugern das Tor verließ und sich nach Belieben ins Spiel einschaltete. Abgewöhnen wollte Chomitsch ihm diese Vorliebe nicht, doch weil Jaschin gelegentlich übertrieb, trainierte er mit ihm Disziplin und Selbstbeherrschung. Im Laufe der Jahre lernte Jaschin jedenfalls im Strafraum so souverän zu agieren wie zwischen den Pfosten.

Eine Art zweiter Libero

Als erster kreierte er auf der Weltbühne des Fußballs den freischaffenden Torhüter; er fühlte sich als eine Art

EIN HERZ FÜR KINDER

Während einer Südamerikatournee der sowjetischen Nationalmannschaft 1961 veranstaltete ein Fernsehsender in Rio de Janeiro im Studio ein Elfmeterschießen: Drei Zuschauer gegen Lew Jaschin. Als Preis wurden für den erfolgreichen Schützen 400 Cruzeiros, für den Torhüter 800 Cruzeiros ausgesetzt. Jaschin hielt alle Schüsse und weigerte sich anschließend, das Geld in Empfang zu nehmen. »Gebt es Waisenkindern«, bat er den Moderator. Zehn Jahre später ließ er die Einnahmen seines Abschiedsspiels in Moskau ebenfalls an ein Waisenhaus überweisen.

DATEN UND FAKTEN

Geboren am 22. Oktober 1929
Geburtsort: Bogorodskoje (bei Moskau)
Gestorben am 20. März 1990 in Moskau

Klubs: Werksmannschaft in Tuschino (bis 1945), Dynamo Moskau (1945–1970)

Mit Dynamo Moskau Landesmeister, 1954, 1955, 1957, 1959, 1963, Pokalsieger 1953, 1967, 1970
78 Länderspiele
WM-Teilnehmer 1958, 1962, 1966, 1970
Europapokalsieger der Nationen 1960 (Vorläufer der EM)
Olympiasieger 1956
Zweimal in Weltauswahl (1963 gegen England, 1968 gegen Brasilien)
Europas Fußballer des Jahres 1963

KARRIERE-HIGHLIGHTS

Von Rußlands Torhüter-Legende Alexej »Tiger« Chomitsch zu seinem Nachfolger aufgebaut, wurde Lew Jaschin schließlich selbst zur Legende. Noch ehe er im Fußballtor Berühmtheit erlangte, machte sich Jaschin bei Dynamo Moskau als Eishockeytorhüter einen Namen. Chomitsch verhinderte, daß sich der vielseitig begabte Jüngling verzettelte. Das Ergebnis zielstrebiger Arbeit seines großen Vorbilds und Förderers konnte sich sehen lassen. **Viermal** gehörte Jaschin zum **WM-Aufgebot** der Sowjetunion. **1958** und **1962** erreichte er mit der Nationalmannschaft das **Viertelfinale**, **1966** das **Halbfinale**. In diesem Spiel, das die UdSSR gegen Deutschland mit 1:2 verlor, mußte Jaschin Tore durch Helmut Haller und Franz Beckenbauer hinnehmen. 1970 in Mexiko kam der gelernte Fräser, inzwischen 40 Jahre alt, nicht mehr zum aktiven Einsatz. **1963** wählten ihn Europas Fußballjournalisten zum **Fußballer des Jahres**, eine Ehre, die vor und nach ihm nie wieder einem Torhüter zuteil wurde. Im selben Jahr wurde er in die **Weltauswahl** berufen, die in Wembley England mit 1:2 unterlag. 45 Minuten lang hielt der »schwarze Polyp«, wie sie ihn wegen seiner schwarzen Kluft tauften, sein Tor sauber. Die Gegentore kassierte der Jugoslawe Milutin Soskic, der den Russen in der zweiten Halbzeit ablöste. **1968** stand Jaschin ein **zweites Mal im Tor der Weltauswahl.** In Rio verlor das internationale Team (mit Franz Beckenbauer, Wolfgang Overath und Willi Schulz) gegen Brasilien mit 1:2. Jaschin, mit einem Mittelfußbruch ins Spiel gegangen, mußte nach dem Wechsel dem Uruguayer Ladisalo Mazurkiewicz Platz machen. **1956** hatte der Dynamo-Keeper entscheidenden Anteil am **Olympiasieg** der sowjetischen Mannschaft, die in Melbourne Jugoslawien im Finale mit 1:0 bezwang. Unerreicht ist der uneigennützige, selbstlose Jaschin, der sich aus Geld nicht viel machte, als **»Elfmeter-Töter«** In seiner 20 Jahre langen Laufbahn hielt er mehr als 150 Strafstöße. Für seine Verdienste um den sowjetischen Sport erhielt er den **Lenin-Orden,** vom IOC den **Olympischen Orden**. Kurz nach seinem 60. Geburtstag, im Oktober 1989, ernannte ihn Michail Gorbatschow als ersten Sportler des Landes zum **»Helden der sozialistischen Arbeit«.**

zweiter Libero und bekam von einem Kritiker attestiert: »Jaschin brachte alle Voraussetzungen für dieses Spiel mit: Die Statur (er war 1,84 m groß und 82 kg schwer), Schnelligkeit, Entschlossenheit, Kaltblütigkeit, den Blick dafür, was mit dem Ball in der nächsten Zehntelsekunde zu geschehen habe, und schließlich die Fähigkeit, auf jede plötzliche Veränderung der Situation blitzschnell reagieren zu können.« Ein weiterer Vorteil: Er beherrschte den Ball mit beiden Füßen. Jaschin hatte das Gespür dafür, ob er vor dem heranstürmenden Gegner den Ball erreichen werde. Nur einmal verrechnete er sich: In einem Pokalfinale gegen ZSKA Moskau – Dynamo lag 1:2 zurück – lief er weit aus dem Tor, fest überzeugt, vor Stürmer Agapow am Ball zu sein. Doch Jaschin kam um einen halben Schritt zu spät. In Panik säbelte er den Gegner um und flog vom Platz.

»Ich habe mein Leben gelebt, in vollen Zügen, mit Erfolgen, die für mich im nachhinein wunderbar anmuten.«

Zweimal spielte er gegen Fritz Walter

Es sollte der einzige Platzverweis in der langen, erfolgreichen Karriere jenes Torhüters bleiben, der weltweit als fairer und liebenswürdiger Zeitgenosse galt. Fritz Walter machte seine Bekanntschaft 1955 in Moskau, als die deutsche Nationalmannschaft dem Gastgeber 2:3 unterlag, und ein Jahr später in Hannover, wo Jaschin den 2:1-Sieg seiner Mannschaft über die Zeit rettete. »Der Torhüter mit den tausend Händen brachte die deutsche Mannschaft mit Fritz Walter, Ertl Er-

hardt, Jupp Posipal, Horst Eckel und Erich Juskowiak zur Verzweiflung«, durfte er auf dem Heimflug lesen.
Auch die drei Deutschen Franz Beckenbauer, Wolfgang Overath und Willi Schulz begegneten Jaschin zweimal, 1966 im WM-Halbfinale in England und 1968 im Spiel einer Weltauswahl in Rio gegen Brasilien. In Rio lernten sie die Gastfreundlichkeit des Russen kennen, der sie nach dem Spiel zu einem Umtrunk mit Wodka und echtem Kaviar aufs Hotelzimmer einlud und zusammen mit ZSKA-Spieler Albert Schesternjew, der ebenfalls für die Auswahl nominiert worden war, Geschichten aus der Heimat erzählte.

Das Staatsbegräbnis

Jaschin liebte den Sport, aber auch die Annehmlichkeiten des Lebens. »Ich habe schon mit acht Jahren geraucht und mir beinahe in jeder Spielpause auf der Toilette eine angesteckt«, gestand er, als er schon zwei Schlaganfälle hinter sich hatte. Um einem drohenden Herzinfarkt vorzubeugen, wurde ihm 1984 ein Bein amputiert. Auf Krücken besuchte er 1988 die EM in Deutschland und freute sich über die russische Mannschaft, die ins Endspiel kam. Ein Jahr darauf feierte er seinen 60. Geburtstag. 5000 Gäste gaben ihm bei einer Gala, die sein Verein Dynamo aufgezogen hatte, die Ehre.
Im März 1990 starb der große Sohn des Sowjetsports an Magenkrebs; die Regierung ordnete ein Staatsbegräbnis an.

**Oben:
Wegen seiner schwarzen Kluft und seinen langen Armen bekam Lew Jaschin den Namen »schwarzer Polyp«.**

**Links:
Der stets fröhliche Lew Jaschin, Arm in Arm mit Toni Schumacher**

TOP 20

PAT JENNINGS

Das letzte Länderspiel mit 41

»Hände wie Bratpfannen« attestierten britische Gazetten Pat Jennings – gute Voraussetzungen für eine Weltkarriere als Torhüter.

Es war Sommer 1985, als Patrick »Pat« Jennings beschloß, mit dem Fußball Schluß zu machen. »Nach 22 Jahren als Profi und 110 Länderspielen tritt eine der schon zu Lebzeiten legendären Figuren des britischen Fußballs von der Bühne ab«, schrieben die Zeitungen. Doch die Medien und auch der Torhüter hatten die Rechnung ohne Billy Bingham gemacht. Der populäre Teammanager der nordirischen Nationalmannschaft war nicht bereit, auf Jennings zu verzichten. In stundenlangen Gesprächen erreichte er, daß Jennings mit 40 Jahren seine Länderspielkarriere fortsetzte.

Bei Tottenham auf der Bank, bei der WM im Tor

1985 von Arsenal London abgeschoben, unterschrieb der Torhüter einen letzten Profivertrag bei den Tottenham Hotspur, bei denen er nur noch ein Reservistendasein führen sollte – für Bingham kein Grund, dem Können und der Fitneß des erfahrenen Keepers zu mißtrauen. Das Vertrauen zahlte sich aus. Mit Jennings im Tor sicherte sich

Nordirland das Ticket für die WM 1986. Im letzten Qualifikationsspiel gegen Gruppensieger England rettet er seiner Mannschaft drei Minuten vor dem Abpfiff das wichtige Unentschieden mit einer phantastischen Parade. Ein begeisterter Reporter beschrieb die Szene so: »Eine weite Flanke erreicht den englischen Mittelstürmer Kerry Dixon. Der steigt hoch, herrlich senkt sich der Ball über den nordirischen Torhüter Pat Jennings hinweg in Richtung Netz. Die Fans im Wembley-Stadion springen von den Sitzen, das muß das erlösende Tor sein. Da reagiert Pat Jennings, schnellt in Richtung Querlatte wie ein 20jähriger, bekommt gerade noch die Fingerspitzen seiner rechten Hand unter das Leder, tippt den Ball über die Latte hinweg ins Tor-aus.«

Auch in Mexiko legte er Ehre für sein Team ein. Im letzten Gruppenspiel gegen Brasilien (0:3) durften die Fußballfreunde noch einmal das Können des Oldtimers bewundern, das »Sport« Zürich so skizzierte: »Seine Fangsicherheit, sein hervorragendes Stel-

DATEN UND FAKTEN

Geboren am 12. Juni 1945
Geburtsort: Newry (Nordirland)

Klubs: Newry Town (1955–1962), FC Watford (1962–1964), Tottenham Hotspur (1964–1977), Arsenal London 1977–1985), Tottenham Hotspur (1985–1986), FC Everton (1986–1989)

Mit Tottenham Hotspur UEFA-Pokal-Sieger 1972, UEFA-Pokalfinalist 1974 (gegen Feyenoord Rotterdam 2:2 und 0:2), englischer Pokalsieger 1967, englischer Ligacupsieger 1971, 1973, mit Arsenal Finalist im Europapokal der Cupsieger 1980 (4:5 im Elfmeterschießen gegen den FC Valencia)
119 Länderspiele
WM-Teilnehmer 1982, 1986
Fußballer des Jahres in England 1973, Spieler des Jahres in England 1976

Der Oldtimer bei seiner letzten WM: 1986 in Mexiko bestritt Pat Jennings sein 119. Länderspiel.

»Armut macht einen hungrig auf Erfolg, sie läßt einen das entscheidende Tüpfelchen härter arbeiten und kämpfen.« (Pat Jennings)

KARRIERE-HIGHLIGHTS

Dreimal erreichte das kleine Nordirland, Teil des britischen Königreichs, ein **WM-Endrundenturnier**, 1958 in Schweden mit Harry Gregg, 1982 in Spanien und **1986** in Mexiko mit Pat Jennings im Tor. Obwohl der Sohn einer kinderreichen Familie 1982 wie auch 1986 bei seinem Arbeitgeber nur zweite Wahl war, schenkte ihm Teammanager Billy Bingham, 1958 Mitglied der Mannschaft, die in Schweden das Viertelfinale erreichte, das Vertrauen.
Mit Jennings kam Nordirland **1982** in die **zweite Finalrunde der WM** und scheiterte dort mit 1:4 an Frankreich. Vier Jahre später beendete Jennings seine Länderspielkarriere, an seinem 41. Geburtstag, im WM-Spiel gegen Brasilien, das 0:3 verlorenging. Zu den denkwürdigen Daten seiner Karriere gehört das **0:0-Spiel im November 1985 gegen England** im Wembleystadion. In diesem Spiel sicherte er Nordirland das Ticket für die WM 1986 und überflügelte mit seiner 113. Berufung den **Länderspielrekord** des Italieners Dino Zoff. Seinen größten Kluberfolg schaffte Jennings mit den Tottenham Hotspur. Im rein englischen **UEFA-Pokal-Finale** bezwangen die »Heißsporne« die Wolverhampton Wanders (2:1 und 1:1).
1973 wählten ihn die englischen Fachjournalisten zum **Fußballer des Jahres**, **1976** die englischen Profikollegen zum **Spieler des Jahres**. **1986** verlieh ihm die Ulster University Belfast die **Ehrendoktorwürde**

»Trotz seiner 40 Jahre kann ich beim besten Willen nicht auf diesen Mann verzichten.« (Nordirlands Teammanager Billy Bingham vor der WM 1986)

lungsspiel, seine Sicherheit bei hohen Flanken und seine Strafraumbeherrschung bescherten ihm das Prädikat Weltklasse.« An diesem Tag feierte Pat Jennings seinen 41. Geburtstag.

Der sanfte Riese

Auch vor der WM 1982 hatte Jennings keinen Stammplatz im Team seines Arbeitgebers. Bei Arsenal London stand er im zweiten Glied, in der Nationalmannschaft indes saß er in der ersten Reihe. Mit Jennings im Tor kam Nordirland damals beachtlich weit. Nachdem die Mannschaft um »The Gentle Giant«, den sanften Riesen – in 1081 offiziellen Spielen wurde Jennings nur einmal verwarnt! –, Spanien den Gruppensieg weggeschnappt hatte, scheiterte sie in der zweiten Finalrunde erst an Frankreich und seinem brillanten Mittelfeldquartett Tigana, Giresse, Genghini und Platini.
Seine Kindheit verbrachte Pat Jennings in dem kleinen nordirischen Städtchen Newry. Nach dem Schulabschluß mußte er in die Fabrik, seinen Teil zum Familienbudget beitragen. Sein Vater, ein gelernter Zimmermann, hatte zehn Kinder, sieben Söhne und drei Töchter, zu ernähren. Pat war das zweite Kind. Zeit für Sport fand er dennoch. Ausgestattet mit extrem großen Händen – die Boulevardpresse schrieb von »Händen wie Bratpfannen« –, drängte er sich als Torhüter geradezu auf.
Mit 16 schon stand er in der nordirischen Jugendauswahl, mit 17 auf der Gehaltsliste des englischen Drittdivisionärs FC Watford. Zwei Jahre später war der Klub vor den Toren Londons den Jungprofi dann wieder los. Manager Billy Nicholson von den Tottenham Hotspur zahlte 100 000 Mark für Jennings und sollte den Kauf nicht bereuen: Mit dem Nordiren gewann der Arbeiterklub aus dem Norden der britischen Hauptstadt 1972 den UEFA-Pokal.

Für einen Spottpreis verkauft

Für den Spottpreis von 160 000 Mark ließen die »Heißsporne« den stillen Star zum Nachbarn Arsenal London ziehen. Bei den »Gunners« reüssierte Jennings acht Jahre lang. Mit 40 zog er noch einmal das Trikot von Tottenham über, ehe er mit 41 einen Dreijahresvertrag beim FC Everton Liverpool unterschrieb und mit 44 Jahren seine Karriere beendete – ein »Marathonmann« des Profifußballs.

ANDREAS KÖPKE

TOP 20

Geduld zahlt sich aus

»Andy ist das beste Beispiel dafür, daß man als Torwart kein Riese sein muß, um über Jahre hinweg Topleistungen zu bringen.« (Köpkes Torwartkollege Stefan Klos)

Wer als Bewerber permanent Absagen bekommt, wird irgendwann resignieren. Dieser Situation sah sich Andreas Köpke viele Jahre seines Profilebens ausgeliefert. Immer wenn er glaubte, am Ziel zu sein, wurde ihm in der Nationalmannschaft ein Rivale vor die Nase gesetzt. Mal war es der Kölner Bodo Illgner, mal der damalige Dortmunder Eike Immel oder der Münchner Raimond Aumann.

Viele Jahre ohne Lobby

Selbst als Eike Immel nach der Europameisterschaft 1988 zurücktrat, blieb

Andreas Köpke, ein Spätberufener. 1994 bei der WM in den USA noch zweite Wahl, brillierte er 1996 bei der EM in England und wurde mit 34 Jahren Europameister.

»Köppi ist vom Charakter und vom Typ her ein feiner Mensch. Deshalb ist er total beliebt bei uns in der Mannschaft.« (Köpkes Nationalmannschaftskollege Thomas Helmer)

Viermal stieg Andreas Köpke als Profi ab, doch nervenstark wie er ist, überstand der Norddeutsche diese Negativerlebnisse schadlos.

Rechte Seite: Kann sich nicht nur auf seine Arme und Hände, sondern auch auf seine Beine und Füße verlassen: Andreas Köpke, der über beachtliche Schußkraft verfügt.

KARRIERE-HIGHLIGHTS

Auf den ersten Erfolg im Profifußball mußte Andreas Köpke lange warten. Weder mit dem 1. FC Nürnberg noch mit Eintracht Frankfurt konnte er einen Titel erringen. Und in der Nationalmannschaft stand er viele Jahre lang im zweiten und dritten Glied.
Erst nach der verkorksten Weltmeisterschaft 1994 in den USA und dem Rücktritt des Kölners Bodo Illgner ernannte ihn Bundestrainer Berti Vogts zu seiner Nummer eins. In den **EM-Qualifikationsspielen** überzeugte er durch **große Leistungen**. Am **Ende der Saison 1992/93** hatte er vom »Kicker-Sportmagazin« das **Prädikat »Weltklasse«** erhalten. Und von den Sportjournalisten war er als vierter Torhüter nach Hans Tilkowski, Sepp Maier und Toni Schumacher zum **»Fußballer des Jahres«** gewählt worden.
Bei der EM 1996 lief Köpke zur Hochform auf. Vor allem im letzten Gruppenspiel gegen Italien riß er Zuschauer und Kritiker zu Begeisterungsstürmen hin. Gegen Weltstar Zola hielt er einen Elfmeter und rettete dem DFB-Team das schmeichelhafte 0:0. Im Halbfinale parierte er im Elfmeterschießen den Strafstoß des Engländers Southgate und öffnete so die Tür zum Endspiel, in dem er die tschechischen Stürmer zur Verzweiflung brachte. Am Ende waren Köpke und das DFB-Team **Europameister**. Und die englische Zeitung »Guardian« schrieb, Köpke sei Deutschlands bester Faustkämpfer seit Max Schmeling.

reflecta
rund ums Dia

MIT DEM MOFA ZUR ARBEIT

Bis zum 14. Lebensjahr besuchte Andreas Köpke die Hauptschule in seiner Heimatstadt Kiel. Anschließend begann er eine Lehre als Kfz-Mechaniker. Jeden Morgen fuhr er um sieben Uhr mit dem Mofa zur Arbeit. Nachdem er die Gesellenprüfung abgelegt hatte, mußte er seinen Bundeswehrdienst ableisten. Danach unterschrieb er beim SC Charlottenburg Berlin einen Zweitligavertrag.

der gebürtige Kieler in der zweiten Reihe. Franz Beckenbauer favorisierte Illgner und Aumann, Torhüter aus Mannschaften, die Ende der achtziger Jahre »Hauptlieferanten« für die Nationalmannschaft waren. Auf eine Lobby aber konnte sich der Köpke nicht berufen.

Überhaupt hatte er bis dato als aufstrebender Sportler eine wenig erbauliche Vita: Durch Zufall als Jugendlicher bei Holstein Kiel ins Tor geraten – vorher spielte er Rechtsaußen –, stieg er 1981 mit den »Störchen«, wie der Traditionsklub aus Schleswig-Holstein wegen der roten Strümpfe hieß, in die Amateur-Oberliga ab. Für die neu installierte eingleisige Zweite Liga konnten sie sich nicht qualifizieren.

Pech vor Olympia

1983 unterschrieb er beim Zweitliga-Aufsteiger SC Charlottenburg, stieg mit den Berlinern aber gleich wieder ab. Und 1986 erlebte er das gleiche Dilemma mit Hertha BSC. Für 125 000 Mark Ablöse fand er mit dem 1. FC Nürnberg zwar einen neuen Klub, mußte sich aber fortan mit dem Negativ-Image eines »ewigen Absteigers« und Pechvogels herumschlagen. 1988 von DFB-Trainer Hannes Löhr als erster Mann im Olympiateam vorgesehen, zog er sich kurz vor der Abreise nach Seoul einen Bänderriß zu.

Nur der Start war nicht glänzend

Auch beim 1. FC Nürnberg schien Köpke, der nie in eine Nachwuchsmannschaft des DFB berufen wurde, auf der Straße der Verlierer zu wandeln. Als Ersatztorhüter für Herbert Heider eingesprungen, der sich vor Beginn der Bundesligasaison 1986/87 verletzte, kassierte der wortkarge Norddeutsche in den ersten zwei Spielen acht Gegentore (3:5 in Bremen, 3:3 gegen Bochum). Doch von Monat zu Monat veränderte sich das Bild. Bald traf zu, was ein Kritiker einmal über Köpke schrieb: »Seine für einen Torhüter relativ geringe Körpergröße von 1,82 Meter kompensiert er durch seine enorme Sprungkraft und Fangsicherheit. Köpke strahlt Ruhe und Sicherheit aus, ist stark auf der Linie, hervorragend im Herauslaufen und verfügt über glänzende Reflexe.«

Schnelles Aus gegen Völler & Co

Mit Spielern wie Stefan Reuter, Roland Grahammer, Thomas und Hans-Jürgen Brunner, Dieter Eckstein und Jörn Andersen sowie Andreas Köpke im Tor kehrte der Club 1988 auf die internationale Bühne zurück, mußte aber gleich in der ersten Runde des UEFA-Pokals gegen Rudi Völlers AS Rom die Segel streichen. Ohne Reuter

DATEN UND FAKTEN

Geboren am 12. März 1962
Geburtsort: Kiel

Klubs: Holstein Kiel (1967–1983), SC Charlottenburg (1983–1984), Hertha BSC (1984–1986), 1. FC Nürnberg (1986–1994), Eintracht Frankfurt (1994–1996) Olympique Marseille (seit 1996)

39 Länderspiele
WM-Teilnehmer 1990 und 1994 (ohne Einsatz)
Europameister 1996
EM-Teilnehmer 1992 (ohne Einsatz)
Fußballer des Jahres 1993

und Grahammer, die Uli Hoeneß zum FC Bayern München gelotst hatte, und Torjäger Andersen, der nach Frankfurt gewechselt war, hatten die Franken an Spielstärke erheblich verloren.

Als dritter Mann fuhr er nach Italien

Zur Nationalmannschaft, in der er bei der WM 1990 hinter Illgner und Aumann ein pflegeleichter dritter Mann war, durfte Köpke immer allein anreisen, während seine Rivalen im Pulk eintrafen. Sein Einzelkämpferschicksal beklagte er nie. Er nahm sogar klaglos hin, daß Beckenbauer-Nachfolger Vogts kurzfristig Perry Bräutigam von Carl Zeiss Jena an seiner Stelle ins Aufgebot hievte. Doch nach der EM 1992 in Schweden, die für Illgner, mit einem hektischen Libero wie Manfred Binz vor sich, nicht allzu glücklich verlief, war Köpkes Geduld am Ende. Mit beständig guten Leistungen drängte er sich in den Vordergrund und erreichte, daß ihm Vogts hier und da eine Chance gab. Dennoch mußte er bis nach der WM 1994 warten, ehe er in der ersten Reihe Platz nehmen durfte.

Mit Oliver Kahn hatte er zwar wieder einen Rivalen, da der Bayern-Profi über mächtige Fürsprecher verfügte,

Obwohl er in der Nationalmannschaft nur die Nummer zwei hinter Bodo Illgner war, wählten Deutschlands Sportjournalisten Andreas Köpke 1993 zum Fußballer des Jahres.

1. FCN
reusch

Ausgestattet mit enormer Schnellkraft und erstklassigen Reflexen parierte er in der Bundesliga 15 von 41 Elfmetern. Das entspricht einer Quote von 36,5 Prozent!

Im Viertelfinale der EM '96 in England waren sie die großen Rivalen: Deutschlands Andy Köpke und Kroatiens Stürmergenie Davor Suker.

Mit der Goldmedaille um den Hals: Andy Köpke und Oliver Bierhoff, der mit seinen beiden Toren beim 2:1-Sieg über Tschechien im EM-Finale Deutschland den Titel sicherte.

doch zwei Ereignisse verhinderten, daß Köpkes Thron wackelte: Als die neue Nummer eins wegen eines Muskelfaserrisses in der Wade auf das EM-Qualifikationsspiel gegen Georgien in Nürnberg verzichten mußte, konnte sein Vertreter Kahn, übernervös, keine Punkte sammeln. Und als Deutschland wenige Wochen vor der EM in England Holland in Rotterdam 1:0 schlug, brachte Köpke mit einer Prachtleistung die letzten Zweifler zum Schweigen. Wenige Tage nach Rotterdam hatte Köpke die Vergangenheit wieder eingeholt: 1994 gerade mit Nürnberg abgestiegen, verabschiedete er sich mit Frankfurt aus der Bundesliga. Sein vierter Abstieg beim vierten Klub – eine deprimierende Bilanz.

Auch auf Partys ein gern gesehener Gast: Andreas Köpke mit Ehefrau Birgit.

Bei der EM der beste Torhüter

Dennoch – und das spricht für seine Klasse und mentale Stärke – präsentierte sich der Kieler einige Wochen später bei der EM in England physisch und psychisch in Hochform. Köpke lieferte in jedem Spiel Bestleistungen ab und avancierte zur unumstrittenen Nummer eins unter den sechzehn EM-Torhütern. Deshalb konnte auch nicht verwundern, daß er neben Matthias Sammer und Dieter Eilts für das offizielle All-Star-Team der EM, zusammengestellt von einer sechsköpfigen Expertenkommission, nominiert wurde.

FRIEDL KONCILIA

TOP 20

Bei zwei Weltmeisterschaften der große Rückhalt der Österreicher: Friedl Koncilia, hier als »fliegender Torhüter«.

Ein Hitzkopf aus Kärnten

Österreich war immer reich an Fußballkünstlern. Aber auch die Liste erstklassiger Torhüter ist lang. Ganz oben stehen Namen wie Rudi Hiden (aus dem berühmten Wunderteam), Peter Platzer, Walter Zeman und Kurt Schmied. Anfang der siebziger Jahre kam einer hinzu, der die Genannten in der Zahl der Länderspiele noch übertreffen sollte: Friedl Koncilia aus Klagenfurt, der mit 17 Jahren sein Debüt in der ersten Mannschaft von Austria Klagenfurt gab.

Zu dieser Zeit wußte er noch nicht, was – sportlich gesehen – aus ihm werden würde. Auch das Tennisspiel behagte ihm. Doch gelobt von den Medien und gefördert von den Trainern erkannte er recht bald, daß der Fußball ihm größere Chancen eröffnete, Karriere zu machen.

Der Hattrick mit Innsbruck

Als er 20 war, wechselte er zum Innsbrucker Klub Wattens, und nach der Fusion mit Wacker wurde er Profi beim neuen Klub Swarovski Wacker Innsbruck. Mit Koncilia im Tor und Kurt Jara im Mittelfeld gelang den von einem Großunternehmen finanzierten Tirolern der Titel-Hattrick: 1971, 1972 und 1973 wurde Innsbruck Meister. 1975 und 1977 half Bruno Pezzey, der »Beau aus Vorarlberg«, Österreichs technisch perfektester Abwehrspieler seit Ernst Happel, Wacker weitere Meisterschaften zu sichern.

Ein Jahr später stießen Koncilia und Pezzey gemeinsam auf einen ganz besonderen Triumph an, diesmal als Spieler der Nationalmannschaft, der es gelang, das große Deutschland

»Kein Tormann von Sonderklasse ist Phlegmatiker.« (Friedl Koncilia)

KARRIERE-HIGHLIGHTS

Bei **zwei Weltmeisterschaften**, **1978** und **1982**, gehörte Friedl Koncilia zu den herausragenden Torhütern. In Argentinien war er vielleicht der einzige Österreicher, der in allen sechs WM-Spielen optimale Leistungen brachte. Die größte Genugtuung empfand er, wie seine Mannschaftskollegen auch, beim 3:2 gegen Deutschland – dem ersten Sieg nach 47 Jahren. 1982 standen sich Deutschland und Österreich erneut bei der WM gegenüber. Diesmal siegten die Deutschen – das 1:0 war ein Ergebnis nach Maß und wurde als »Schieberramsch« bezeichnet, weil es genau das Resultat war, das den beiden Teams in die zweite Finalrunde half und für die punktgleichen Algerier die Heimfahrt bedeutete.
Als Spieler von Swarovski Wacker Innsbruck und Austria Wien sammelte Koncilia Titel in Hülle und Fülle und machte Schlagzeilen auch im **Europapokal**. Mit der Austria erreichte er **1983** das **Halbfinale im Pokalsiegercup**. Eine Runde zuvor hatten die Wiener für eine Sensation gesorgt und Titelverteidiger FC Barcelona aus dem Wettbewerb geworfen.
Nach dem 0:0 im Praterstadion wurde auf spanischer Seite nur die Höhe des Sieges im Rückspiel diskutiert. Doch es sollte anders kommen, obwohl bei den Katalanen nach dreimonatiger Verletzungspause Diego Maradona zum ersten Mal wieder neben Bernd Schuster auf dem Platz und mit Argentiniens Weltmeistertrainer Cesar Luis Menotti (für den entlassenen Udo Lattek) ein neuer Trainer am Spielfeldrand stand. Austria ertrotzte in Barcelona ein 1:1, an dem Koncilia den größten Anteil hatte. Auch gegen Real Madrid war im Halbfinale eine Sensation und damit der Einzug ins Finale möglich. Zweimal führte die Austria in Wien durch Tore von Polster und Magyar und zweimal glich Real nach Fehlern des Abwehrspielers Zore durch Santillana aus. Im Rückspiel, das Real mit 3:1 gewann, verhinderte Koncilia eine höhere Niederlage.

(Österreich hatte damals nur 7,5 Millionen Einwohner, die Bundesrepublik Deutschland dagegen 67 Millionen) vom Sockel der Selbstüberschätzung zu stoßen und den Traum von der erfolgreichen Titelverteidigung zu zerschießen.

Merkels Beleidigung

Damals steckte Friedl Koncilia schon in einer Schublade, galt er als der Mann mit den zwei Gesichtern: Auf der einen Seite war er der phantastische Torhüter und Kumpel, auf der anderen der aufbrausende, unberechenbare Choleriker. Sicherlich ging Berufszyniker Max Merkel zu weit, wenn er dem Hitzkopf aus Kärnten attestierte: »Der Friedl gehört nicht ins Tor, sondern in die Universitätsklinik Innsbruck, weil er so wenig Hirn hat«. Doch zugegeben, die Contenance ging Friedl Koncilia schon gelegentlich verloren.
Dazu sei erwähnt, daß Merkel zu dieser Zeit mit Österreichs Teamchef Helmut Senekowitsch und der Nationalmannschaft über Kreuz lag. Kurzfristig vom Verband vor der WM in Argentinien zum Sportdirektor bestellt, ließ MM keine Gelegenheit aus, das Team und seinen Chef madig zu machen.
Mit dem viel zitierten Satz: »Wos brauch i bei da Beerdigung dabeisein, wo i d'Hochzeit net mitg'macht hob«, hatte er Argentinien vor dem Anpfiff des Turniers verlassen und sich anschließend ziemlich blamiert: In Argentinien zeigten sich die Mannschaft der Alpenrepublik und ihr Torhüter Koncilia nämlich von ihrer Schokoladenseite.

Am 1:5 war er schuldlos

Friedl Koncilia kassierte in den drei Spielen der ersten Finalrunde gerade mal zwei Treffer, und beide kamen mit Hilfe von Mitspielern zustande. Beim 2:1 gegen Spanien fälschte Erich Obermayer, beim 0:1 gegen Brasilien Bruno Pezzey einen Schuß ins eigene Netz ab. Koncilia nahm das doppelte Mißgeschick gelassen hin und sagte mit Schmäh: »Einmal möchte ich bei dieser WM ein normales Tor bekommen.«

Diesen Gefallen taten ihm die Holländer, dirigiert vom Trainer-Guru Ernst Happel, in der zweiten Finalrunde gleich fünfmal, wobei allerdings zur Ehrenrettung von Koncilia betont werden muß, daß er an der 1:5-Niederlage schuldlos war. Ein Beobachter notierte: »Als die Österreicher nach sechs Minuten das Kopfballtor des Vorstoppers Brandt kassierten, öffneten sie ihre Abwehr und spielten wie auf einer Badewiese, technisch blendend, die klatschenden Zuschauer unterhaltend, aber unbekümmert die besten Chancen vergebend und Tormann Koncilia, der in diesem Spiel einem Holländer fünfmal allein gegenüberstand, völlig vergessend.«
Den meisten Beifall erhielt Koncilia in den sechs WM-Spielen für eine Aktion der Fairneß im Spiel gegen Brasilien: Als die Österreicher vor dem Tor des Gegners kombinierten, rannte Koncilia dreißig Meter aus dem Tor zu dem verletzt am Boden liegenden Brasilianer Gil und half ihm auf die Beine. Gil bedankte sich mit einem Händedruck.

Kein Glück in Anderlecht

In der Nationalmannschaft unumstritten die Nummer eins, geriet er nach der WM 1978 bei seinem Arbeitgeber Swarovski Wacker Innsbruck ins Abseits und schließlich, als die Mannschaft ans Tabellenende abgestürzt war, sogar auf die Anklagebank. Ihm und seinem Bruder Peter, einem exzellenten Mittelfeldspieler und erfolgreichen Schürzenjäger, wurde Brunnenvergiftung vorgeworfen. Noch ehe die Saison um war, trennte sich der Klub von dem Bruderpaar, was Friedl Koncilia zwar verdroß, aber nicht zum Nachteil gereichen sollte: Trainer Raimond Goethals vom RSC Anderlecht verpflichtete den Torhüter, der vergeblich auf ein konkretes Angebot aus der deutschen Bundesliga gewartet hatte. In Brüssel freilich wurde der Klagenfurter nicht glücklich und allzuoft Leidtragender der Ausländerklausel.
So verließ er den belgischen Paradeklub wieder und wurde 1979 von Austria Wien als prominenter Neuzugang herzlich willkommen geheißen. Wenige Monate nach dem Gewinn

Auf der einen Seite der phantastische Torhüter und Kumpel, auf der anderen der aufbrausende Choleriker: Friedl Koncilia

DATEN UND FAKTEN

Geboren am 25. Februar 1948
Geburtsort: Klagenfurt

Klubs: AC Klagenfurt (1959–1960), Austria Klagenfurt (1960–1967), WSG Wattens (1967–1968), Swarovski Wacker Innsbruck (1968–1978), RSC Anderlecht (1978–1979), Austria Wien (1979–1985)

Mit Swarovski Wacker Innsbruck Landesmeister 1971, 1972, 1973, 1975, 1977 Pokalsieger 1970, 1973, 1975, 1978, mit Austria Wien Landesmeister 1980, 1981, 1984, 1985, Pokalsieger 1980, 1982 84 Länderspiele WM-Teilnehmer 1978, 1982

des Doubles (Meisterschaft und Pokal) leistete sich der umjubelte Schlußmann einen folgenreichen Aussetzer: Im Spiel gegen Graz versetzte er dem Spieler Werner Gregoritsch einen Kopfstoß und wurde dafür ein halbes Jahr aus dem Verkehr gezogen. Nach Ablauf seiner Sperre beteuerte er, sein Temperament unter Kontrolle zu haben, doch der Wiener Journalist Wolfgang Winheim stellte in seinem Buch »Immer wieder Österreich« fest, daß es nicht ganz so war: »Beim Training ist der Alte nach wie vor der alte. Da schreit er nach einem Fehler der Abwehr, da trommelt er wütend auf den morastigen Boden, über den er soeben um Sekundenbruchteile zu spät geflogen war.«

Die geheimen Leiden

Ein Jahr vor der WM 1982 war Koncilia noch oft zum Schreien zumute, allerdings vor Schmerzen. Ein Wirbelsäulenschaden bedrohte seine Karriere. Die Mannschaftskameraden wußten von dem Leiden, schwiegen aber genauso wie der Torhüter, damit die Gegner nicht von dem Handicap erfuhren. Zur Linderung der Qualen zog sich Koncilia beim Training fortan einen Nierenschutz und eine Windbluse unter das Leibchen und darüber einen wasserdichten Overall.

Friedl Koncilia als Retter in höchster Not. Das Bild zeigt eine Szene aus der 0:1-Niederlage gegen Frankreich im WM-Spiel 1982 in Spanien.

So präpariert hielt er bei der WM in Spanien bravourös und strafte sich einmal mehr selbst Lügen: Unzufrieden mit seiner Länge – 1,81 Meter –, hatte er in einem Interview gesagt: »Für die Weltklasse fehlen mir zwei Zentimeter.« Wie schon in Argentinien genügte Koncilia auch in Spanien höchsten Ansprüchen.

Auch der Wiener Austria half er den sportlichen Ruhm zu mehren: Mit ihm wurden die »Violetten« zwischen 1979 und 1985 viermal Champion und zweimal Pokalsieger.

Koncilia als Trainer in Japan

Enttäuscht über ein Angebot des Klubs und gepeinigt von Bandscheibenschmerzen sagte er mit 37 dem Leistungsfußball adieu. Anschließend arbeitete Koncilia als PR-Chef von Puma Österreich und betreute vorübergehend die »U 21« und die Olympia-Auswahl des Landes.

1995 konnte er einer Offerte aus Japan nicht widerstehen. Des lieben Geldes, aber auch der reizvollen Aufgabe wegen unterschrieb er einen Vertrag als Torwarttrainer bei den Osaka Gambas – Österreichs erster Fußballentwicklungshelfer in dem Land der aufgehenden Sonne, das im Jahre 2002 die Weltmeisterschaft veranstalten wird.

OTTO KONRAD

TOP 20

Mit Kopfball »Tor des Jahres« erzielt

Anfang der neunziger Jahre war Otto Konrad für Österreichs tonangebende Medien in Wien nicht mehr als ein aufstrebendes Talent. Zwar hatte Josef Hickersberger den Grazer als dritten Torhüter neben Klaus Lindenberger von Wacker Innsbruck und Franz Wohlfahrt von Austria Wien mit zur Weltmeisterschaft nach Italien genommen, doch keinen Gedanken daran verschwendet, den Nicht-Wiener auch wirklich einzusetzen. Auch die Medien nahmen ihn nur am Rande wahr.

Erst als Otto Baric den gelernten Bandagisten 1992 nach Salzburg geholt hatte, öffneten sich die Gazetten des Landes mehr und mehr dem Steirer, der sich im Training ähnlich quälte wie sein großes Vorbild Toni Schumacher.

Der Triumphzug durch Europa

In seinem Einstandsjahr beim SV Casino Austria Salzburg stellte er gleich einen Landesrekord auf: Konrad blieb 944 Minuten lang ohne Gegentor.

Die zweite Saison in Salzburg wurde für Konrad und die Austria zum großen Triumphzug über Europas Fußballfelder. Vor allem die deutsche Bundesliga lernte die Kampfstärke der Österreicher kennen. Im Achtelfinale war die Eintracht Frankfurt der Austria-Gegner. Die Medien, allen voran das Fernsehen, blähten das Duell zur nationalen Angelegenheit auf und gaben sich auf deutscher Seite überzeugt, daß die Hessen, damals noch einer der Meisterkandidaten in der

Berühmt geworden durch die »Salzburger Festspiele« im UEFA-Pokal: Otto Konrad, hier nach dem Triumph über Eintracht Frankfurt

»Wenn ich die Körperbehinderten in meinem Sanitätshaus sehe, wird mir stets klar, daß es im Leben wichtigere Dinge als den Fußball gibt.« (Otto Konrad)

KARRIERE-HIGHLIGHTS

In der Saison **1993/94** wurde Otto Konrad **zum Senkrechtstarter auf der europäischen Fußballbühne**. Mit konstant guten Leistungen und entsprechendem Selbstbewußtsein (»Auf der Linie bin ich nicht schlecht, bei Flanken habe ich mich verbessert, mein Stellungsspiel ist optimal«) war der Torhüter der Ausgangspunkt für den Siegeszug der Salzburger Austria. Sie spielte sich über Dunajska Streda (2:0, 2:0), den FC Antwerpen (1:0, 1:0), Sporting Lissabon (0:2, 3:0), Eintracht Frankfurt (1:0, 0:1–5:4 im Elfmeterschießen), den Karlsruher SC (0:0, 1:1) ins **UEFA-Pokal-Finale**, wo es gegen Inter Mailand zwei unglückliche 0:1-Niederlagen gab. Dabei wurde das Elfmeterschießen im Frankfurter Waldstadion zum persönlichen Erfolgskapitel für Konrad. »Nachdem es durch Bein, Lainer, Reis und Jurcevic 2:2 hieß, parierte Konrad den Strafstoß von Gaudino – ein Intermezzo nur, denn Feiersinger schaufelte den Ball anschließend übers Tor. Dann jedoch, beim Stande von 4:4 – Furtok, Hütter, Torhüter Stein und Pfeifenberger hatten getroffen – rückte Konrad in den Mittelpunkt. Erst hielt er den Elfmeter von Binz und dann bezwang er seinen Kollegen Stein mit einem knallharten Schuß zum entscheidenden 5:4«, heißt es im Copress-Buch »Fußball-Europapokal Sternstunden«.
In der Saison **1994/95** machte Salzburg und Konrad in der **Champions League** den Topklubs Ajax Amsterdam und AC Mailand das Leben schwer. In Amsterdam führten die Österreicher bis zur 85. Minute mit 1:0, mußten dann aber noch den Ausgleichstreffer durch den Finnen Litmanen hinnehmen. Ein Sieg hätte Austria anstelle des AC Mailand ins Viertelfinale gebracht.
Milan wurde der 3:0-Sieg gegen Salzburg aberkannt, weil Torhüter Konrad im Giuseppe-Meazza-Stadion in der ersten Halbzeit eine Flasche am Kopf traf und er mit einer Platzwunde und Kopfschmerzen in der zweiten Halbzeit den Platz verlassen mußte. Im Krankenhaus wurde eine Gehirnerschütterung festgestellt. Milan-Trainer Capello hatte die abenteuerliche Version verbreitet, Salzburgs Masseur Rothhaar habe die Flasche geworfen, doch der schwedische Schiedsrichter Sundell ignorierte diese Behauptung und belastete Milan vielmehr schwer.
1994 erzielte Konrad, mit 16 noch Stürmer und Torschützenkönig in Graz, **in Österreich das »Tor des Jahres«:** Ein Kopfballtreffer in der 85. Minute zum 1:1-Endstand gegen Linz.

Bundesliga, den Salzburgern den Marsch blasen würden.
Der Kasse wegen zog das Team von Otto Baric im Hinspiel nach Wien um – eine Rechnung, die nicht aufzugehen schien, denn die Hessen retteten einen 0:1-Rückstand über die Zeit und machten sich große Hoffnungen auf das Weiterkommen im Rückspiel. Doch im Waldstadion erzwangen die Salzburger ein Elfmeterschießen, das zum großen Auftritt des Otto Konrad werden und Austria ins Halbfinale bringen sollte (siehe Karriere-Highlights).
Am Salzburger Flughafen warteten 5000 Fans und der Bürgermeister auf die Sieger und bereiteten ihnen einen südländischen Empfang. Besonders Otto Konrad ließen sie hochleben, was dem Torhüter offensichtlich mißfiel: »Wir sind verdient weiter gekommen, weil wir die bessere Mannschaft waren. Deshalb gefällt es mir gar nicht, daß jetzt alles an mir festgemacht wird.«

»Ein Torhüter mit Charisma.« (KSC-Trainer Winfried Schäfer über Otto Konrad)

Die große Verehrung

Die Medien ernannten Otto Konrad zum Nationalhelden und luden ihn permanent in Talkshows ein. Mit einem Schlag hatte sich für den bis dato eher im stillen Winkel lebenden Tor-

hüter die Welt verändert. »Die immense Verehrung von Konrad verdeutlicht die Sehnsucht der Alpenrepublik nach einem Nationalheros im Fußball, wie einst Hans Krankl einer war. Berauscht von den Taten des aus Graz stammenden Konrad verstiegen sich manche Bewunderer sogar zu der Behauptung, hier handele es sich um einen Mozart im Fußballtor«, schrieb die FAZ ein wenig überpointiert.

Frankfurt sollte freilich nur der Beginn einer großen Leidenschaft für den Salzburger Torsteher sein. Nachdem die Austria mit dem Karlsruher SC ein weiteres Team zu den Akten gelegt und so das Finale im UEFA-Pokal erreicht hatte, drohte Salzburg für Konrad und seine im Handumdrehen erworbene Popularität zu eng zu werden. Sponsoren rissen sich um ihn; die Autogrammwünsche nahmen überhand, und auch die Herren des Verbandes in Wien klopften wieder bei ihm an.

Ärger mit Prohaskas Vorgängern

Konrad war wieder für die Nationalmannschaft interessant, die er nach Differenzen mit Prohaskas Vorgängern schon abgehakt hatte. »Einmal flog ich raus, weil ich nach einem ver-

»Berauscht von den Taten des aus Graz stammenden Konrad verstiegen sich manche Bewunderer sogar zu der Behauptung, hier handele es sich um einen Mozart im Fußballtor.«

Für seine Klasse viel zu wenig Länderspiele: Otto Konrad, der aus der Nationalmannschaft flog, »weil ich nicht zum Frühstück erschien«

DATEN UND FAKTEN

Geboren am 1. November 1964
Geburtsort: Graz

Klubs: Grazer SC (1974–1978), Sturm Graz (1978–1992), Casino Austria Salzburg (seit 1992)

Mit Casino Austria Salzburg Landesmeister 1994, 1995
UEFA-Pokal-Finale 1994
12 Länderspiele
WM-Teilnehmer 1990 (ohne Einsatz)

wandelten Elfmeter im Klub Lambada tanzte, ein anderes Mal, weil ich nicht zum Frühstück erschien«, erinnerte er sich an »spießige« Verhältnisse in vergangenen Zeiten. Festzuhalten bleibt allerdings auch, daß der Verband nicht auf ihn angewiesen war, mit Michael Koncel und Franz Wohlfahrt auf zwei erstklassige Torhüter aus Wien zurückgreifen konnte. Diese Konstellation und das scharfe Mundwerk, das dem sprachgewandten Konrad zu eigen war, mag erklären, daß ein Mann von seiner Klasse gerade mal ein Dutzend Länderspiele aufzuweisen hat.

Erfolg auch als Sänger

Mit Hans Krankl möchte er sich nicht vergleichen. Der, so sagt Konrad, sei einmalig. Doch Herzbuben sind sie beide und so populär, daß sich auch ihre Stimmen vermarkten lassen: Ende der siebziger Jahre landete Krankl mit dem Song »I bin hoit gaanz allaa« einen Hit. Und nach Erfolgen im UEFA-Pokal und in der Champions League wurde Konrads Schlager »Die Almhütt'n« ein Ohrwurm.

Sanitätshaus in Graz

Anders freilich als Krankl, der Rapid Wien einst verließ, um beim FC Barcelona das große Geld zu machen, pfiff Konrad auf die Chance, im Ausland reich zu werden, und lehnte 1994 das Angebot des türkischen Meisters Galatasaray Istanbul ab. Der Torhüter blieb lieber im Land und genoß den Konrad-Boom, den auch sein Sanitätshaus in Graz – seine zweite munter sprudelnde Einnahmequelle neben dem Torhüterjob in Salzburg – zu spüren bekam.

SEPP MAIER

TOP 20

Sepp Maier, der Spaßvogel zwischen den Pfosten, erreichte im Fußball fast alles.

Nur Stürmer fanden ihn nicht lustig

»Sepp Maier ist ein Mann, der gegen sein Mißtrauen ankämpfen muß. Seine Heiterkeit hat immer auch einen ernsten Hintergrund, er braucht sie, um Schwierigkeiten zu überwinden.« (Franz Beckenbauer)

Zwei Meister ihres Metiers hatten es ihm besonders angetan. Josef-Dieter (»Sepp«) Maier liebte den Komiker Karl Valentin und verehrte den russischen Torhüter Lew Jaschin. Und da er gleichermaßen Talent als Spaßmacher und als Ballfänger besaß, eiferte er beiden nach und sorgte zeit seines Fußballebens dafür, daß weder die eine noch die andere Begabung verkümmerte.

Auf dem Spielfeld versuchte er Spaß und Sport zu verbinden. So stürzte er sich einmal auf eine Taube, die es sich während eines Spiels auf dem Rasen gemütlich machte, oder plauderte, wenn es sich einrichten ließ, während des Spiels mit einem gegnerischen Stürmer, so zum Beispiel mit dem Essener Willi »Ente« Lippens – ein Unikum wie er.

Normalerweise fanden Torjäger den Münchner freilich nicht lustig, denn

es gab nur wenige Torhüter auf der Welt, die so sicher und so schnell zugriffen und den Angreifern den Spaß am Spiel verdarben, wie Maier. Global machte er 1974 bei der Weltmeisterschaft in Deutschland besonders von sich reden, als er in der zweiten Finalrunde den polnischen Stürmern Lato, Domarski und Gadocha und im Endspiel den holländischen Scharfschützen Cruyff, Neeskens, Rep, und Rensenbrink mögliche Treffer verwehrte. »Ohne den Sepp wären wir nicht Weltmeister geworden«, betonte Mannschaftskapitän Beckenbauer nach dem 2:1-Sieg in München.

Der Gag mit den Haftschalen

Vier Jahre vorher war Maier in Mexiko neben Gerd Müller, Beckenbauer und Overath eine der Schlüsselfiguren des Teams gewesen, das sich im Halbfinale den Italienern in der Verlängerung hatte 3:4 beugen müssen. Zu dieser Zeit genoß der Gaudibursche aus dem niederbayerischen Metten längst Narrenfreiheit. Auf Flugreisen nahm er den Stewards die Arbeit ab oder band DFB-Funktionären die Schnürsenkel der Schuhe zusammen. Vor einem Europapokalspiel in Spanien kaufte er sich am Frankfurter Flughafen eine dunkle Brille und redete einem Münchner Reporter ein, er habe Probleme mit dem Augenlicht, deshalb werde er im Spiel Haftschalen tragen. Anderntags schmunzelte er über die Schlagzeile: »Maier mit Haftschalen gegen Real Madrid.«
Der Respekt vor Mitspielern und Mitbürgern hielt sich bei ihm in Grenzen. Auch Franz Beckenbauer war vor Spott nicht gefeit: Als der Bayern-Libero in einer Mannschaftssitzung »Katsche« Schwarzenbeck nachdrücklich ans Herz legte, auf den Mittelstürmer des Gegners besonders zu achten, mischte sich der Maier Sepp mit der Bemerkung ein: »Das brauchst du nicht, Katsche, schau lieber, daß du den Franz deckst, der ist der gefährlichste Gegner.« Dem »Kaiser« unterlief in der Spätphase seiner Regentschaft hier und da ein Eigentor.

Sepp Maier bei seiner letzten WM 1978 in Argentinien, die für die deutsche Mannschaft enttäuschend endete.

Linke Seite: Beim Gewinn der Weltmeisterschaft 1974 war der Bayern-Star Sepp Maier eine der Schlüsselfiguren im deutschen Team.

DATEN UND FAKTEN

Geboren am 28. Februar 1944
Geburtsort: Metten

Klubs: TSV Haar (1952–1958), FC Bayern München (1958–1979)

Mit dem FC Bayern Weltpokalsieger 1976, Europapokalsieger der Landesmeister 1974, 1975, 1976, Europapokalsieger der Cupsieger 1967, Deutscher Meister 1969, 1972, 1973, 1974, DFB-Pokalsieger 1966, 1967, 1969, 1971
473 Bundesligaspiele
95 Länderspiele
Weltmeister 1974
WM-Teilnehmer 1966, 1970, 1978
Europameister 1972, EM-Zweiter 1976
Fußballer des Jahres 1975, 1977, 1978

Blick zurück in die Vergangenheit: Der junge Familienvater Sepp Maier mit Ehefrau Agnes und Tochter Alexandra im Schwimmbad.

Den Herren vom DFB verzieh er nicht, daß die Spielerfrauen 1974 vom WM-Bankett ausgeschlossen blieben. »Wir Deutschen können eine Weltmeisterschaft perfekt organisieren, auch den schwersten Gegner mit eiserner Disziplin niederkämpfen. Nur vom Festefeiern, da haben wir keinen blassen Schimmer«, schrieb er dazu in seinem Buch »Ich bin doch kein Tor«. Einmal wollte er, frustriert über sich und die vier Gegentreffer, die er beim 0:4 im Europapokalspiel bei Ajax Amsterdam im März 1973 kassiert hatte, sogar den Beruf aufgeben. »Ich höre auf mit dem Fußball. Wißt ihr niemanden, der mir für eine ordentliche Beschäftigung 3000 Mark im Monat zahlt?«, verkündete er einer erstaunten Zuhörerschaft. Ein Angebot gab es nicht, und so blieb der gelernte Maschinenschlosser, der als Kind ein »spindeldürrer Wurzelzwerg« (Maier) und als Schüler auch ein guter Turner war, dem großen Fußball erhalten.

Der Traum von der zweiten Weltmeisterschaft

1978 wäre er gern als erster Deutscher zum zweiten Mal Weltmeister geworden. Doch ohne einen Abwehrchef wie Franz Beckenbauer, den DFB-Präsident Hermann Neuberger nach dem Wechsel zu Cosmos New York für nicht mehr gut genug hielt, präsentierte sich die DFB-Auswahl als profillose Truppe. 1979 drängte sich der Kölner Toni Schumacher ins Rampenlicht und rüttelte am Thron des Münchners, den vereinsinterne Aktivitäten bei Schön-Nachfolger Jupp Derwall in Mißkredit brachten. Unter Maiers Regie wurde Max Merkel als Interimstrainer bei Bayern verhindert. Anschließend nannte Klubpräsident Wilhelm Neudecker Sepp Maier erst einen »Anarchisten« und räumte dann seinen Stuhl.

Ein Autounfall beendete seine Karriere

Monate später, im Juli 1979, ging die Karriere von Sepp Maier, der am liebsten wie sein Vorbild Jaschin noch mit 40 das Tor gehütet und mehr als hun-

dert Länderspiele gemacht hätte, ganz überraschend zu Ende. Bei einem schweren Autounfall erlitt er einen Zwerchfellriß, eine Gehirnerschütterung, einen Armbruch und Rippenfrakturen. »Maier lag bewußtlos auf dem Fahrersitz, einer seiner Schuhe war unter dem Bremspedal eingeklemmt«, hieß es im Polizeibericht.

Nach seiner Heilung widmete er sich verstärkt seinem Tennis-Center. Zudem arbeitet er seit 1987 als »Bundestorwarttrainer«. Den Job hatte ihm sein alter Spezi Franz Beckenbauer beschafft. Auch Bundestrainer Vogts hielt an ihm fest, obwohl Maier den ehemaligen Verteidiger nach der verunglückten WM 1978 ganz schön kritisiert hatte. Originalton Maier: »Nicht nur bei den Bayern, auch in der Nationalmannschaft war der Franz der beste Kapitän, den wir je hatten. Er hatte Weitblick, und er verstand sich durchzusetzen. Sein Nachfolger in der Nationalmannschaft, Gladbachs Berti Vogts, war auch ein guter Kapitän. Aber ihm hat es schon arg an Souveränität gefehlt.«

Wie alle Großen des deutschen Fußballs bekam auch Sepp Maier vom Deutschen Fußball-Bund sein Abschiedsspiel.

Nach dem Ende der Laufbahn weiter für die Nationalmannschaft tätig: Sepp Maier als »Bundestorwarttrainer«

»Früher habe ich einmal gesagt: Ich spiele so lange, wie der Franz Beckenbauer und der Gerd Müller mich im Rollstuhl aufs Spielfeld schieben können.« (Sepp Maier nach seinem schweren Autounfall 1979, der seine Karriere beendete)

KARRIERE-HIGHLIGHTS

Mit 22 Jahren drückte ihm Helmut Schön das **erste WM-Ticket** in die Hand: **1966** war Sepp Maier hinter Hans Tilkowski die Nummer zwei in der Nationalmannschaft, beim FC Bayern indes längst die Nummer eins. Seine Klasse bewies er europaweit schon **1967**. Mit der Mannschaft Maier, Beckenbauer, Nowak, Kupferschmidt, Olk, Roth, Koulmann, Ohlhauser, Nafziger, Gerd Müller, Brenninger wurden die Münchner, 1965 in die Bundesliga aufgestiegen, in Nürnberg durch ein 1:0 über die Glasgow Rangers **Europapokalsieger der Cupsieger**. Sieben Jahre später, **1974**, hielt er den **Europapokal der Landesmeister** in seinen Händen, den der FC Bayern **1975** und **1976** verteidigte.
1976 gewann Maier mit dem FC Bayern auch noch den **Weltpokal** gegen die brasilianische Mannschaft Cruzeiro Belo Horizonte. Konkurrenzlos wie bei seinem Verein war er bald auch in der Nationalmannschaft. **1970** kehrte er als **WM-Dritter** aus Mexiko heim, **1974** wurde er zusammen mit seinen Mannschaftskameraden Beckenbauer, Schwarzenbeck, Breitner, Uli Hoeneß und Gerd Müller **Weltmeister, 1972** mit den Genannten **Europameister.**
Bei der WM 1978 in Argentinien scheiterte eine schlecht sortierte Mannschaft (ohne Beckenbauer, Gerd Müller, Wolfgang Overath, Jürgen Grabowski und Paul Breitner) mit Berti Vogts als Mannschaftskapitän in der zweiten Finalrunde 2:3 an Österreich. Nach dieser unbefriedigenden Weltmeisterschaft wollte der ehrgeizige Maier eine fünfte WM-Teilnahme erzwingen. Doch ein Autounfall beendete im Juli 1979 seine Karriere.
Einen ganz persönlichen Rekord feierte Maier in der Bundesliga: Die »Katze von Anzing«, wie er wegen seiner Gewandtheit und Fangsicherheit genannt wurde, **stand 442 mal ununterbrochen im Tor,** also rund 13 Jahre lang!

TOP 20

THOMAS N'KONO

Der Magier in langen Hosen

Der Torhüter, der sich auch in der größten Hitze nicht von seiner langen Hose trennte: Thomas N'Kono aus Kamerun

Als WM-Novize Kamerun 1982 im Veranstalterland Spanien Quartier bezog, nahmen die Medien kaum Notiz von der Mannschaft des westafrikanischen Küstenstaates. Doch das sollte sich schnell ändern. Nach dem 0:0-Auftaktspiel gegen Peru stürzte sich die Reportermeute vor allem auf zwei Spieler. Der eine hieß Roger Milla, war seinerzeit Profi beim französischen Erstligaklub SEC Bastia und deshalb den Experten einigermaßen bekannt. Der andere hieß Thomas N'Kono und war bis zum Anpfiff der WM für die Masse der Berichterstatter ein unbekanntes Wesen.

Der »Jaguar von Yaounde«

Neben überragenden Leistungen fiel Torhüter N'Kono durch sein Outfit auf. Der schwarze Mann trug lange schwarze Hosen, trotz sommerlicher Temperaturen in La Coruña. Voreilige Reporter glaubten deshalb, einen Showman vor sich zu haben. Doch sie sollten sich irren. »Die Fußballplätze in meiner Heimat sind trocken und oft steinhart. Da kann sich gerade ein Torwart leicht verletzen. Deshalb habe ich eigentlich bei allen Spielen immer lange Hosen getragen«, klärte N'Kono auf.

Die Beinkleider, in denen er schon 61 Länderspiele bestritten hatte, stammten aus Deutschland. Es handelte sich um die Original-Trainingshosen von Sepp Maier, den sich N'Kono als Junge zum Vorbild nahm. In seiner Heimat haben sie N'Kono die Namen »Jaguar von Yaounde« und »Der schwarze Jaschin« gegeben. Von der Großkatze, so sagten sie, habe er die Eleganz, von der russischen Torwartlegende die Sachlichkeit – eine gute Mischung, mit der er bei der WM in Spanien Fans, Einkäufer und Kritiker für sich einnahm.

Das unglückliche Aus – Kamerun mußte nach drei Unentschieden

»Auf der Linie ist N'Kono auf der ganzen Welt unerreicht.« (Sein ehemaliger Klubkollege Wolfram Wuttke)

KARRIERE-HIGHLIGHTS

Weil er sich mit 17 als Außenstürmer empfindlich verletzte, wechselte Thomas N'Kono ins Tor – ein genialer Einfall: In wenigen Jahren stieg er nicht nur zum **ersten Mann in der Nationalmannschaft**, sondern zum **Torhüteridol der afrikanischen Fußballjugend** auf. Auch die Medien erwiesen ihm ihre Reverenz: **1979** wählten sie ihn zum **Fußballer Afrikas**; drei Jahre später entscheiden sie sich erneut für den stillen Star aus Yaounde. Der Welt führte N'Kono **1982 außergewöhnliches Können** beim »Mundial« in Spanien vor. In drei **WM**-Gruppenspielen kassierte er nur ein Tor (beim 1:1 gegen den späteren Weltmeister Italien durch Francesco Graziani). Ungeschlagen mußten die Afrikaner die Heimreise antreten und den Azzurri den zweiten Platz hinter Gruppensieger Polen überlassen. Kamerun hatte ein Tor zu wenig geschossen. Acht Jahre nach Spanien, **1990**, qualifizierte sich Kamerun erneut für die **WM**, und wieder rückte N'Kono in den Blickpunkt. Mit dem schwarzen Magier in langen Hosen zwischen den Pfosten, dem Veteran Roger Milla im Sturm und den Kombinationskünstlern François Omam-Biyik und Cyrille Makanaky schienen die »unbezähmbaren Löwen« unaufhaltsam ins Endspiel zu dribbeln. Im Viertelfinale gegen England lagen sie acht Minuten vor Schluß 2:1 vorn, waren dem 3:1 näher als die spielerisch unterlegenen Briten und flogen doch aus dem Turnier. Gary Lineker, zweimal im Strafraum von den Beinen geholt – in der 83. Minute von Massing, in der Verlängerung von N'Kono –, sorgte mit zwei verwandelten Elfmetern für Kameruns Aus.

Rechte Seite: In drei WM-Spielen kassierte er 1982 nur ein Tor: Thomas N'Kono, der als Profi von Español Barcelona den Namen »El Zamora negro« bekam.

heimfahren – hatte für Thomas N'Kono keine negativen Folgen. Im Mannschaftshotel drängelten sich die Interessenten. Weil Branchen-Krösus Helenio Herrera, der im Auftrag des FC Barcelona unterwegs war, bei dem Torhüter abblitzte, fühlte sich Fußball-Guru Dettmar Cramer, gerade von Bayer Leverkusen verpflichtet, in der Ansicht bestärkt: »Den N'Kono kann man nicht einfach verpflanzen, der braucht seinen eigenen Kral, wie ihn Eusebio bei Benfica Lissabon vor Jahren angetroffen hat.«

Wochen später setzte N'Kono seinen Namen unter einen Vertrag beim Español Barcelona, dem kleinen Bruder des mächtigen FC. Daß Español im Schatten von »Barca« stand, störte den in sich gekehrten Afrikaner nicht. In Europa, so lautete seine Philosophie, wollte er für gutes Geld gute Arbeit abliefern. Sein Herz aber war in der Heimat, bei seiner Familie und bei der Nationalmannschaft.

»El Zamora negro«

Dennoch himmelten ihn die Fans in Katalonien an. Und auch die Journalisten waren von ihm begeistert. Sie nannten ihn »El Zamora negro«, der schwarze Zamora – ein Name, auf den sich der Modellathlet aus Yaounde (1,83 m, 90 kg) etwas einbilden durfte. Ricardo Zamora genießt bis in die Gegenwart hinein in Spanien eine geradezu kultische Verehrung. »Der Göttliche«, wie sie ihn einst tauften, hütete vor dem Zweiten Weltkrieg 46mal das Tor der Nationalmannschaft und holte Titel mit Español und FC Barcelona sowie Real Madrid.

Ein Lob von Ruud Gullit

Auf internationaler Bühne tauchte Thomas N'Kono erst wieder in der Saison 1987/88 auf, als sein Klub bis ins Finale des UEFA-Pokals vordrang. In der zweiten Runde brachte der Magier in den langen Hosen die Stürmer des großen AC Mailand mit seiner Fangkunst und Bärenruhe schier zur Verzweiflung und schließlich zum Fall. »Ein phantastischer Mann«, lobte Ruud Gullit nach Milans 0:2. In der dritten Runde kapitulierte mit Inter Mailand ein zweiter Klub aus der Beletage der italienischen Staatsliga vor Español und seinem Torhüter. Und als Bayer Leverkusen nach dem ersten der beiden Finalspiele 0:3 geschlagen

Nach der WM 1982 in Spanien wurde Thomas N'Kono zum zweiten Mal zu Afrikas Fußballer des Jahres gewählt.

in die Chemiestadt zurückflog, spottete Español-Trainer Javier Clemente: »Für einen Torhüter wie N'Kono sind die Bayerstürmer einfach eine Nummer zu klein.«
Auch im Rückspiel bestach der Afrikaner durch seine Ruhe und Sicherheit. Doch da seine Vorderleute im Haberlandstadion beim Anrennen der Konzernkicker die Nerven verloren, hieß es am Ende 3:0 für Bayer Leverkusen. Auch im abschließenden Elfmeterschießen ließen die Kollegen ihren Torhüter im Stich: N'Kono hielt zwar den Strafstoß von Falkenmayer, doch Urkiaga, Zuniga und Golobart verspielten den 2:0-Vorsprung mit Fehlschüssen.

Plötzlich war er die Nummer eins

An Schuldzuweisungen beteiligte sich der fromme Christ N'Kono nicht. Weder Freude noch Enttäuschung vermochten ihm als Profi die Beherrschung zu rauben. So nahm er auch gelassen hin, daß Kameruns Trainer, der Sibirier Valerij Nepomniachi, ihn 1990 nur als Ersatzmann mit zur WM nach Italien nahm. Joseph-Antoine Bell, damals Klubkollege von Klaus Allofs bei Girondins Bordeaux, war erste Wahl. Doch als das erste WM-Spiel der Afrikaner angepfiffen wurde, stand N'Kono im Tor. Bell hatte via Presse den Verband attackiert (»Wir haben uns in Jugoslawien auf Plätzen vorbereitet, die schlechter waren als die Parkplätze in Bordeaux«) und sich so um Kopf und Kragen geredet.

Trost von Pelé

Mit einem überragenden N'Kono im Tor und dem vom Staatspräsidenten ins Team befohlenen Stürmer-Oldie Roger Milla spielten sich die Afrikaner bis ins Viertelfinale, wo sie den Engländern höchst unglücklich unterlagen (siehe auch Karriere-Highlights). Die Medien bedauerten das WM-Aus der »unbezähmbaren Löwen« genauso wie auch Brasiliens Fußballmonument Pelé: »Für mich seid ihr die wahren Weltmeister«, hatte er Trost parat.
Anschließend ging Thomas N'Kono wieder seinem Job in Barcelona nach, zusammen mit dem Deutschen Wolfram Wuttke, für den die berufliche Begegnung mit N'Kono zu den Höhepunkten seiner Profi-Wanderjahre gehörte: »Thomas ist ein Super-Keeper und dazu menschlich ein toller Typ.« 1991 wechselte »El Zamora negro« noch einmal die Vereinsfarben. N'Kono suchte und fand letztes Fußballglück beim spanischen Zweitligaklub FC Sabadell.

DATEN UND FAKTEN

Geboren am 20. Juli 1955
Geburtsort: Dizanque (Kamerun)

Klubs: Cañon de Yaounde (1970–1982), Español Barcelona (1982–1991), FC Sabadell (1991–1993)

110 Länderspiele
WM-Teilnehmer 1982, 1990
Afrikas Fußballer des Jahres 1979, 1982

JEAN-MARIE PFAFF

TOP 20

Als Belgier der Liebling der Münchner

Bei der WM 1986 zum Heros des belgischen Fußballs aufgestiegen: Medien- und Publikumsliebling Jean-Marie Pfaff

Sein Einstand in die Bundesliga war eine Lachnummer: Im Auftaktspiel der Saison 1982/83 bei Werder Bremen bugsierte Jean-Marie Pfaff, gerade erst verpflichtet, den Ball nach einem weiten Einwurf von Uwe Reinders vors Münchner Tor ins eigene Netz. Eine höchst verpfuschte Premiere und für sensible Gemüter sicherlich ein Grund, in Resignation zu verfallen, denn das Malheur kostete den FC Bayern gleich zwei Punkte; die Münchner verloren mit 0:1.

Doch der Belgier steckte das Eigentor nicht nur weg, sondern empfand es sogar als hilfreich. »Dieses Tor war positiv für mich. Ich war sofort überall bekannt; vom Fernsehen wurde es zehnmal wiederholt«, erzählte er Jahre später, als er bei Bayern längst etabliert war, dem »Playboy«.

Mit dieser Einstellung, seinem Mutterwitz und seiner ungezwungenen Freundlichkeit eroberte er sich die Herzen der Fans, wurde er der Liebling des Publikums, auch der Medien, die seine Sprüche und Späße schätzten und sich mit dem Vorstand des

Commodore

FC Bayern nach der ersten Saison einig waren: »Der beste Einkauf seit Jahren.«

Die Torquote gedrückt

Die 800 000 Mark, die die Münchner für den Belgier ausgegeben hatten, waren gut angelegt. Mit Pfaff im Tor (und Manfred Müller als Ersatz in acht Spielen) kassierte der FC Bayern 33 Gegentore. Ein Jahr zuvor waren es beim Duo Walter Junghans und Manfred Müller noch 56 gewesen. Pfaff bewies in seinem Auftaktjahr auch, daß Turbulenzen im Umfeld seine Leistungen nicht beeinträchtigen können. Zwei Spieltage vor Saisonschluß wurde Trainer Pal Csernai ausgemustert. Er habe die Arroganz auf die Spitze getrieben, lautete einer der Vorwürfe an die Adresse des Ungarn, der das Image des abgehobenen Snobs pflegte und eine gewisse Menschenverachtung an den Tag legte.

Der einsame Streiter

Arroganz galt auch als ein »Markenzeichen« des FC Bayern – ein Image, das Pfaff nach besten Kräften konterkarierte und dabei keineswegs auf breite Zustimmung der »infizierten« Altkollegen stieß. »Pfaff war der erste Bayern-Spieler, der bewußt und systematisch die Nähe der Fans gesucht hat. Was heute vom Verein nach Kräf-

Mit dem FC Bayern wurde Jean-Marie Pfaff dreimal Meister.

Bilder rechts: So wehrte Pfaff den Elfmeter des Spaniers Eloy ab und brachte Belgien 1986 ins WM-Halbfinale.

KARRIERE-HIGHLIGHTS

Mit 25 Jahren Jahren, 1978, setzte Jean-Marie Pfaff ein erstes Ausrufezeichen hinter seinen Namen. Mit der Mannschaft aus der flämischen Kleinstadt Beveren (15 000 Einwohner) wurde der Torhüter **belgischer Pokalsieger**. Im Europapokal erreichte das Team zum großen Erstaunen der Fachwelt die Runde der letzten Vier. Im Viertelfinale hatte die Mannschaft um Pfaff und den 38 Jahre alten Libero Paul von Genechten (Beruf: Feuerwehrmann) Inter Mailand mit Stars wie Giuseppe Baresi (Bruder des Milan-Liberos Franco Baresi), Alessandro Altobelli und Gabriele Oriali aus dem Cup geworfen, Pfaff bis dato im Europapokal kein Gegentor kassiert.
Auch gegen den FC Barcelona hielt er im Halbfinale großartig. Die beiden Gegentore bei den beiden 0:1-Niederlagen resultierten jeweils aus Foulelfmetern, verwandelt durch Carlos Rexach und Hans Krankl.
Ein Jahr später, **1980**, machte sich Pfaff bei der **Europameisterschaft** in Italien einen Namen. Belgien erreichte das Finale, das Deutschland durch zwei Tore von Horst Hrubesch mit 2:1 gewann. Bei der **WM 1982 in Spanien** mußte Pfaff nach starken Leistungen für die zweite Finalrunde passen; bei einem Zusammenprall mit Verteidiger Eric Gerets hatte er sich eine Schulterverletzung zugezogen.
1986, bei der **WM in Mexiko** gehörte er neben Gerets und Jan Ceulemans zu den Leistungsträgern einer Mannschaft, die sich bis ins Halbfinale durchkämpfte und dort mit 0:2 von Argentinien (zwei Tore Maradona) gestoppt wurde.
In den sechs Jahren, die er bei FC Bayern spielte, gewann Pfaff mit Trainer Udo Lattek **drei deutsche Meisterschaften** und **zweimal** den **DFB-Pokal**.
1987 mußte er die bitterste Niederlage seiner Karriere hinnehmen: Im Europapokalfinale der Landesmeister unterlag Bayern in Wien dem FC Porto mit 1:2.
Unvergessen bleiben zwei weitere Daten: In der zweiten Runde des **UEFA-Pokals** in der Saison **1983/84** erzwang Pfaff in Saloniki die Entscheidung im Elfmeterschießen, nachdem in 210 Minuten kein Tor gefallen war. Erst parierte Pfaff beim Stande von 8:8 einen Strafstoß und verwandelte dann zum 9:8, nachdem sich der vorgesehene Schütze Beierlorzer verdrückt hatte.
Im November 1983 hielt Pfaff im Bundesligaspiel auf dem Betzenberg in Kaiserslautern einen Elfmeter von Brehme und ermöglichte den Münchnern so nach achteinhalb erfolglosen Jahren den ersten Sieg.
Die IFFH (International Federation of Football History & Statistics) wählte ihn 1987 zum **weltbesten Torhüter des Jahres.** Neun Jahre vorher war er in Belgien **Fußballer des Jahres.**

»Die Bundesliga und der deutsche Fußball haben ein Problem: Keiner kann mehr lachen. Wenn einer mal einen Spaß macht, gerät er prompt in ein schiefes Licht.«

ten gefördert wird, um das Bild eines hochnäsigen Klubs zu korrigieren, war seinerzeit noch suspekt. Die Mitspieler interessierte der Fan als Dukatenesel, und so wurde Pfaff akzeptiert, weil er ein sehr guter Torhüter war«, erinnerte der Sport-Informations-Dienst (sid) 1991 zu Pfaffs Abschiedsspiel an schwierige Zeiten eines einsamen Streiters. Es gab aber auch andere Stimmen. Er biedere sich überall an, sei unentwegt hinter dem Geld her, geradezu süchtig auf Publizität, hieß es in einer Charakterstudie.

Als Kind Jongleur auf dem Jahrmarkt

Daß er sich so teuer wie möglich verkaufte, taugte als Vorwurf nichts. Schließlich ist jeder Spieler bemüht, sich in der bemessenen Zeit als Fußballprofi eine goldene Nase zu verdienen. Zudem stammte Pfaff aus ärmlichen Verhältnissen. Als Sohn eines Artisten-Ehepaares trat er mit vier älteren Brüdern auf Jahrmärkten als Jongleur auf und trug so sein Scherflein zum Familienetat bei. Weil er mit 15 noch nicht die für einen Torhüter erforderliche Länge hatte, mußte er den Wunsch zurückstellen, beim SK Beveren das Tor zu hüten. Jean-Marie Pfaff versuchte sich als Stürmer und machte dabei eine passable Figur. Doch konnte das eben nur eine Zwischenlösung sein. Pfaff drängte es mit aller Macht ins Tor. »Vielleicht hat da auch eine Rolle gespielt, daß ich schon als junger Bursche nicht verlieren konnte und dachte, als Torhüter hätte ich den größten Einfluß auf das

Endergebnis«, sagte er einmal und gab damit zu erkennen, daß ihm an einem Mauerblümchendasein nicht gelegen war.

»Junge Wilde« wurden gebändigt

Nach München war er als Prominenter gekommen, hatte bei der WM in Spanien und vorher bei der EM in Italien bewiesen, daß er zu den Besten seines Fachs gehört. Bei der WM 1986 in Mexiko brachte er »die jungen Wilden« um Scifo, Demol und Vervoort, die gegen die alte Garde um ihn, Ceulemans, Gerets und Alttrainer Guy Thys meuterten, zur Räson und außerdem Höchstleistungen im Tor. »Jean-Marie Pfaff, Belgiens neuer Fußball-Heros. Schon beim 4:3 über die UdSSR wollten sie ihm in der Heimat ein Denkmal bauen. Pfaff lehnte ab. Nach seinen Paraden, mit denen er die spanischen Stürmer zur Verzweiflung trieb, wird er sich wohl kaum noch wehren können«, schrieb ein begeisterter Kritiker nach dem Viertelfinale.

Im abschließenden Elfmeterschießen hatte Pfaff den Strafstoß von Eloy abgewehrt und seiner Mannschaft so ins

Jean-Marie Pfaff und seine Ehefrau Carmen, die ihn während seiner turbulenten Karriere stets unterstützte.

Momentaufnahme aus dem WM-Spiel gegen die UdSSR 1986 in Mexiko: Dreimal mußte Pfaff den Ball aus dem Netz holen, aber am Ende siegte Belgien mit 4:3.

»Jean-Marie Pfaff ist sicherlich die größte Torhüterpersönlichkeit Europas.« (Jupp Heynckes als Bayern-Trainer)

EINE FUSSBALLFAMILIE

Jean-Marie Pfaff war das elfte von zwölf Kindern eines Artisten-Ehepaares. Er wuchs mit sechs Schwestern und fünf Brüdern auf. Alle Brüder waren wie er dem Fußball verfallen: Jean-Baptiste, der älteste, spielte im Mittelfeld, Louis linker Außenstürmer, François Libero, Anton Spielmacher und Danny, der jüngste, ebenfalls Libero. Anton und Danny trugen wie er das Trikot des SK Beveren.

Halbfinale geholfen. Hier freilich blieben seine Rettungstaten unbelohnt, weil Argentiniens Megastar Maradona zweimal die Abwehr der Belgier austrickste und bei seinen Torschüssen Pfaff keine Chance ließ.

Der Auszug der Gladiatoren

Der FC Bayern setzte Pfaff 1988 vor die Tür. Jupp Heynckes, lange Zeit ein Bewunderer des Belgiers, und Uli Hoeneß machten ihm klar, daß künftig ohne ihn geplant werde, obwohl der Vertrag bis 1989 lief. Dauerspannungen mit dem renitenten und talentierten Reservetorhüter Raimond Aumann, die Handgreiflichkeiten einschlossen, waren sicherlich ein Motiv für die Trennung, denn sportlich war Pfaff nichts vorzuwerfen. Mit ihm zogen die Nationalspieler Matthäus, Brehme und Eder das Bayerntrikot aus. In seinem letzten Spiel für die Münchner – beim 2:1-Sieg im Olympiastadion über den VfB Stuttgart – feierten die Zuschauer Pfaff mit Sprechchören. Nach dem Abpfiff trugen ihn Fans auf den Schultern vom Platz.

Anschließend kehrte er für ein Jahr in die Heimat zum Aufsteiger SK Lierse zurück, ehe er bei Trabzonspor in der Türkei einen höchst lukrativen Vertrag unterschrieb. Doch nach dem verlorenen Pokalfinale gegen Besiktas Istanbul (0:2) gab es nach Krach mit dem Präsidenten; mit einer dicken Abfindung im Gepäck mußte er daraufhin die Koffer packen.

Im September 1991 lud er zu seinem Abschiedsspiel nach Beerschot. Vor 9000 Zuschauern gewann ein von Udo Lattek betreutes All-Star-Team durch Tore von Breitner, Altobelli (je 2) und René van de Kerkhof mit 5:4 gegen eine Auswahl ehemaliger belgischer Nationalspieler. Sogar Franz Beckenbauer schnürte Jean-Marie Pfaff zu Ehren für 20 Minuten die Stiefel.

Die Einnahmen gingen komplett an eine Stiftung, die Pfaff für Behinderte und Sportinvaliden eingerichtet hatte. Danach war er als Repräsentant für eine belgische Brauerei tätig, ausgestattet mit einem Vertrag auf Lebenszeit, der jedoch gegenstandslos wurde, als die Firma in französischen Besitz überging. Anschließend verdingte er sich als Manager eines holländischen Möbelunternehmens.

EIN PLATZ NEBEN JULIUS CÄSAR

Welch hohen Stellenwert Jean-Marie Pfaff in Belgien genießt, beweist auch seine Aufstellung im Historischen Museum in Brüssel. Dort steht der Torhüter im Wachsfigurenkabinett der Madame Beaufort neben Julius Cäsar und Karl dem Großen.

DATEN UND FAKTEN

Geboren am 5. Dezember 1953
Geburtsort: Lebekke (Ostflandern)

Klubs: SK Beveren (1963–1982), FC Bayern München (1982–1988), SK Lierse (1988–1989), Trabzonspor (1989–1990)

Mit dem FC Bayern München Deutscher Meister 1985, 1986, 1987, DFB-Pokalsieger 1984, 1986, mit SK Beveren Landesmeister 1979, Pokalsieger 1978
62 Länderspiele
WM-Teilnehmer 1982, 1986
EM-Teilnehmer 1980, 1984

THOMAS RAVELLI

TOP 20

Eine Katze mit neun Leben...

Dem Fußball drohte er verlorenzugehen. Thomas Ravelli war als Jugendlicher nicht nur ein begabter Ballfänger, sondern auch ein Leichtathlet von überdurchschnittlicher Güte. Zum Glück gab es in der Zeit des Pendelns zwischen den Sportarten einen Fußballtrainer, auf den der blondgelockte Sohn eines Arztes aus Österreich hörte. Gunnar Nordahl, mit Schweden 1948 Olympiasieger und später neben Gunnar Gren und Nils Liedholm Mitglied des berühmten schwedischen Innentrios des AC Mailand, trainierte den schwedischen Provinzklub Östers Växjö und hier auch den talentierten Thomas Ravelli.

2,06 Meter im Hochsprung

Nordahl stellte den 18jährigen vor die Wahl: Entweder Fußball oder Leichtathletik. Ravelli entschied sich für den Fußball – ein Entschluß, der ihm nicht leichtfiel, denn er galt auch als große Hochsprunghoffnung des Landes: Als Neunjähriger übersprang er schon 1,85 Meter, als 18jähriger war er bei 2,06 Meter angelangt. Freilich:

Das Lächeln des Siegers: Thomas Ravelli freut sich über das 4:0 gegen Bulgarien, das Schweden bei der WM 1994 Platz drei brachte.

»Der Ravelli könnte auch Sepp Maier heißen.« (Sepp Maier)

KARRIERE-HIGHLIGHTS

Schon mit 17 Jahren durfte er sein Können im **UEFA-Pokal** zeigen: Gunnar Nordahl, damals Trainer von Östers Växjö, stellte gegen Hibernians Edinburgh in großer Personalnot den Jugendtorhüter Thomas Ravelli auf und landete einen Volltreffer: Der Klub aus Südschweden gewann 4:1 und erreichte das Achtelfinale.
Sein erstes Länderspiel bestritt Ravelli im März **1981** gegen Finnland (2:1) gemeinsam mit seinem Zwillingsbruder Andreas. Im selben Jahr wurde er mit Östers Växjö zum zweiten Mal **Landesmeister** und **Schwedens Fußballer des Jahres**. Seine erste große sportliche Enttäuschung bereitete ihm Deutschland. Durch die 0:1-Niederlage der DFB-Auswahl gegen Portugal in Stuttgart brachte die DFB-Auswahl die Schweden 1986 um die WM-Teilnahme, da die Schweden am selben Tag in Prag gegen die CSSR 1:2 unterlagen.
Auch die **WM 1990** in Italien gereichte Schweden und Ravelli nicht zur Ehre. Nach drei 1:2-Niederlagen in der Vorrunde durfte das Drei-Kronen-Team vorzeitig die Heimreise antreten. Vier Jahre später wurden die Schweden dann von ihren Landsleuten wie Weltmeister gefeiert. Durch ein 4:0 über Deutschland-Bezwinger Bulgarien gewannen sie **1994 WM-Bronze**. Thomas Ravelli hatte die Mannschaft durch zwei gehaltene Strafstöße im Elfmeterschießen gegen Rumänien ins Halbfinale gebracht, wo es gegen den späteren Weltmeister Brasilien eine 0:1-Niederlage gab.
Im Juni **1995** löschte Ravelli den **Länderspiel-Weltrekord** seines englischen Torhüterkollegen Peter Shilton: Beim 3:3 der Schweden in Leeds gegen England trug er zum 126. Mal das Nationaltrikot.

Auch als Fußballtorhüter war er kein unbeschriebenes Blatt mehr. Als vor dem UEFA-Pokalspiel gegen Hibernian Edinburgh beide Torhüter ausfielen, warf Nordahl den 17jährigen Ravelli ins kalte Wasser. Das Wagnis wurde belohnt. Växjö gewann 4:1 und Nordahl den Eindruck, daß Ravelli über kurz oder lang eine Hauptrolle im schwedischen Fußball spielen werde.

33 Länderspiele gemeinsam mit dem Zwillingsbruder

Da kommt Freude auf: Gegen Rumänien hat Ravelli zwei Elfmeter gehalten und sein Team so ins WM-Halbfinale befördert.

Bei Östers Växjö spielte Thomas Ravelli mit seinem Zwillingsbruder Andreas, der genau 30 Minuten älter war als er, in einer Mannschaft. Die beiden sollten auch in der Nationalmannschaft gemeinsam auftreten: 33mal trugen sie zusammen das Trikot mit den drei Kronen. Ravellis Eltern stammten aus Österreich, der Vater aus Osttirol, die Mutter aus Kärnten. Der Vater war Arzt und wanderte mit seiner Frau 1952 nach Schweden aus, als dort Ärzte gesucht wurden.
1988 mußten sich die Fußballzwillinge Ravelli vorübergehend trennen. Der IFK Göteborg, der 1987 den UEFA-Pokal gewonnen hatte, verpflichtete Bruder Andreas. Thomas folgte ein Jahr später. Als Göteborg plötzlich ohne Torwart dastand – Thomas Wernersson beendete die Karriere und wurde Klubmanager, Erik Thorstvedt wechselte zu den Tottenham Hotspur nach London –, kam dem Klub von der Westküste der junge Mann aus Växjö gerade recht.

Hellströms Erbe

Nach Göteborg zog es Thomas Ravelli natürlich erst in zweiter Linie wegen des Bruders. Växjö war abgestiegen, und Thomas Ravelli wußte, daß er seinen Platz in der Nationalmannschaft nur halten kann, wenn er einem Klub der ersten Liga angehörte. Er hatte damals, 1989, 64mal für Schweden gespielt und sich als Nachfolger des legendären Ronnie Hellström etabliert. Diesen Status wollte er nicht aufs Spiel setzen.
1986 freute er sich auf seine erste WM. Doch am letzten Tag der Qualifikation platzten diese Träume: Deutschland unterlag in Stuttgart gegen Portugal 0:1, und Schweden verspielte das WM-Ticket in Prag gegen

»Wenn man im Tor steht und zusieht, wie die anderen spielen, muß man sich eben auf andere Art abreagieren.« (Thomas Ravelli zu seinen Clownereien und Temperamentsausbrüchen)

die CSSR durch das 1:2 in letzter Minute. »Wir waren in der Kabine wie vor den Kopf geschlagen. 30 Jahre hatten die Deutschen kein Qualifikationsspiel verloren, und nun so etwas«, erinnerte Ravelli an die große Enttäuschung darüber, daß auf diese Weise Portugal und nicht Schweden zur WM fahren konnte.

Auch bis zur WM 1990 hatte sich Schweden von dieser Enttäuschung noch nicht ganz erholt. Die Mannschaft schaffte zwar die Teilnahme, spielte in Italien aber eine recht traurige Rolle: In drei Gruppenspielen gab es jeweils 1:2-Niederlagen – gegen Brasilien, Schottland und auch Costa Rica.

Der Schiedsrichter-Schreck

Viele glaubten in Schweden, daß die WM-Blamage von Italien nicht nur Olle Nordin den Trainerjob, sondern auch Thomas Ravelli den Platz im Drei-Kronen-Team kosten würde, zumal seine impulsive Art nicht jedermann gefiel. »Wenn ein Mitspieler gefoult wurde, brauchte man nur bis drei zählen, und Ravelli kam an den Ort des Geschehens gesprintet, beschimpfte Schiedsrichter und Gegner, fing an, vor dem pfeifenden Publikum Faxen zu machen«, beschrieb eine Zeitung einmal das Auftreten des Torhüters.

Unter Nordin-Nachfolger Tommy Svensson wurde er etwas ruhiger, lernte er sich zu beherrschen. Die beiden hatten seit vielen Jahren ein gutes Verhältnis. In den siebziger Jahren waren sie Mannschaftskollegen bei Östers Växjö.

Schimpfname »Ravioli«

Waren die Zuschauer mit Ravellis Leistung nicht zufrieden, riefen sie ihn »Ravioli«. Dafür gab es spätestens bei der EM 1992 in Schweden keinen Grund mehr. Erst im Halbfinale mußte Ravelli die Arbeit einstellen. Gegen Deutschland unterlagen die Schweden mit 2:3, hinterließen aber einen starken Eindruck: »Danke Schweden, für dieses Turnier. Tommy Svensson hat mit seinem Team für unseren Fußball Werbung betrieben«, jubelte »Syd Dagbladet«.

1993 rückte Ravelli in den »Klub der Hunderter« auf. Gegen die Schweiz machte er in Boras sein 100. Länderspiel. Daß die Eidgenossen zum Jubiläum mit 2:1 siegten, war der Wermutstropfen in seinem Freudenbecher.

Vor der Abreise zur WM 1994 nach Amerika geriet Ravelli wieder ins Schußfeld. Er, so lästerten die Boulevardblätter, sei der einzige schwache Punkt im Team der Gelb-Blauen. »Wir brauchen einen Torwart und keinen Clown«, gifteten sie. Nach der WM

DATEN UND FAKTEN

Geboren am 13. August 1959
Geburtsort: Vimmerby (Südschweden)

Klubs: Atvidaberg FF (1969–1974), Östers IF Växjö (1974–1989), IFK Göteborg (seit 1989)

Mit Östers IF Växjö Landesmeister 1980, 1981, mit IFK Göteborg Landesmeister 1990, 1991, 1993, 1994, Pokalsieger 1991
129 Länderspiele (Weltrekord)
WM-Dritter 1994
WM-Teilnehmer 1990
EM-Teilnehmer 1992
Fußballer des Jahres 1981

mußten sie dem Attackierten Abbitte leisten. Neben Tomas Brolin und Stürmer Kennet Andersson war Ravelli die Hauptfigur einer Mannschaft, die ganz überraschend WM-Bronze gewann.

Der Liebling der Heimat

Im Elfmeterschießen des Viertelfinalspieles gegen Rumänien hielt er die Schüsse von Petrescu und Belodedici und machte auf der Sympathieskala einen Riesensprung nach vorn – nicht nur wegen seiner sportlichen Leistung, wie die »Süddeutsche Zeitung« meinte: »Was Thomas Ravelli zum Liebling des Kaders werden ließ, war seine Geste nach dem Spiel. Tausende von schwedischen Schwiegermüttern schmolzen hinweg, als sie dieses Gesicht im Fernsehen sahen. Ein Gesicht, das mit Wasser in den Augen lachte; ein Gesicht, in dem alles vor Freude zu beben schien, die großen, lustigen Kulleraugen, der weit aufgerissene Mund und selbst die hellen Bartstoppeln.«

Vor dem Spiel gegen Rumänien hatte ihm Björn Nordqvist, dessen nationalen Länderspielrekord von 115 Spielen er an diesem Tage einstellte, ein Fax geschickt. Ein Jahr später schon hatte Ravelli, dem das englische Fachmagazin »World Soccer« attestierte, er entpuppe sich immer mehr als eine Katze mit neun Leben, den Weltrekord des englischen Torhüters Peter Shilton übertroffen: Beim 3:3 der Schweden gegen England in Leeds bestritt er sein 126. Länderspiel.

Dennoch mußte er am Ende des Jahres eine bittere Pille schlucken: Schweden konnte sich nicht für die EM in England qualifizieren. Für viele überraschend mußten sich die Skandinavier hinter der Schweiz und der Türkei mit dem dritten Gruppenplatz begnügen. Und noch etwas registrierte er im Spätherbst seiner Laufbahn mit Bedauern: Eine Offerte aus dem Ausland hatte es nicht gegeben. 1986 winkte ihm ein Vertrag des VfB Stuttgart, doch am Ende wurde Eike Immel verpflichtet.

Der Augenblick der Entscheidung: Thomas Ravelli wehrt im WM-Viertelfinale den Elfmeter des Rumänen Belodedici ab.

Mit 17 bestritt Thomas Ravelli sein erstes UEFA-Pokal-Spiel, mit 36 übertraf er den Länderspiel-Weltrekord des Engländers Peter Shilton.

Thomas Ravelli
Ravelli
adidas

PETER SCHMEICHEL

»Der einzige dänische Fußballnationalspieler mit ausgeprägten Star-Allüren«: Peter Schmeichel

Ein Perfektionist mit großer Klappe

»Wir haben in der ganzen Liga nur einen wirklich guten, mitdenkenden Torhüter. Und der ist Ausländer. Das ist Peter Schmeichel.« (Gordon Banks 1994)

Sein mächtiger Körper – 1,91 Meter groß, 98 Kilogramm schwer – war für wortgewandte Schreiber immer ein gefundenes Fressen. »Die blonden Haare so kurz geschnitten, daß sie auch den Modevorstellungen eines Korporals der amerikanischen Eliteeinheit Ledernacken entsprechen, sieht Peter Schmeichel aus wie der Instrukteur eines Fitneß-Centers«, fabulierte die FAZ. Andere erinnerte die wuchtige Statur des Dänen an den schwedischen Schauspieler Dolph Lundgren.

»Rambo« und »Eisbär«

Viele Kritiker rieben sich am rücksichtslosen Einsatz seiner Kräfte und nannten ihn deshalb Rambo. Und seine kalte Ausstrahlung brachte ihm den Namen Eisbär ein. Gegenstand heftiger Debatten und diverser Artikel war aber auch seine große Klappe. Seit der Sohn eines polnischen Jazzpianisten – er blieb 1960 in Dänemark – mit dem Fußball in Berührung kam, gilt er als vorlaut, aufsässig und unbequem. Wild protestierte er schon als Schüler, als ihn der Trainer ins Tor stellte, denn der kleine Peter hatte es sich in den Kopf gesetzt, einmal ein großer Stürmer zu werden. Doch der Trainer befahl: »Du bleibst im Tor oder spielst überhaupt nie mehr Fußball.« Zum Glück gehorchte Peter Schmeichel. So wurde er ein Perfektionist im Tor und »der einzige dänische Fußballnationalspieler mit ausgeprägten Star-Allüren«, meinte ein Kritiker.

Als Peter Schmeichel 16 Jahre alt war und für Hvidovre Kopenhagen spielte, bewunderte er den Münchner Sepp Maier und staunte über dessen große Torwarthandschuhe. Vom Charakter her entsprach er indes eher dem Rheinländer Toni Schumacher. Wie Schumacher wirft er sich, Körperkontakt suchend, in Flanken und verschafft sich so den Respekt weniger gut gepolsterter Gegenspieler. Wie Schumacher ist er in der Wortwahl selten zimperlich. Und wie Schumacher fühlte er sich berufen, An- und Einsichten seiner Profipraxis in ein Buch zu packen.

Kritik am Nationaltrainer

Dabei trat er Nationaltrainer Richard Möller-Nielsen ganz schön auf die Füße: Destruktiv sei dessen System, Kraftprotzerei der Schwerpunkt seines Trainings, und wenn es so weitergehe, verlören seine Kollegen und er die Lust, den Berufungen für Länderspiele zu folgen, ließ er zu Papier bringen – kräftige Schläge, für die Peter Schmeichel in Deutschland sicherlich rigoros abgestraft worden wäre (siehe Toni Schumacher). Doch bei den Dänen lief so etwas glimpflicher ab. Nationaltrainer Möller-Nielsen rief vor dem EM-Qualifikationsspiel gegen Nordirland Nationalspieler und Journalisten zusammen, verlangte von Schmeichel eine öffentliche Entschuldigung, und schon war die dänische Fußballwelt wieder in Ordnung.

Monatelang mußten Möller-Nielsen und die Mannschaft freilich mit der Enttäuschung leben, die EM 1992 in

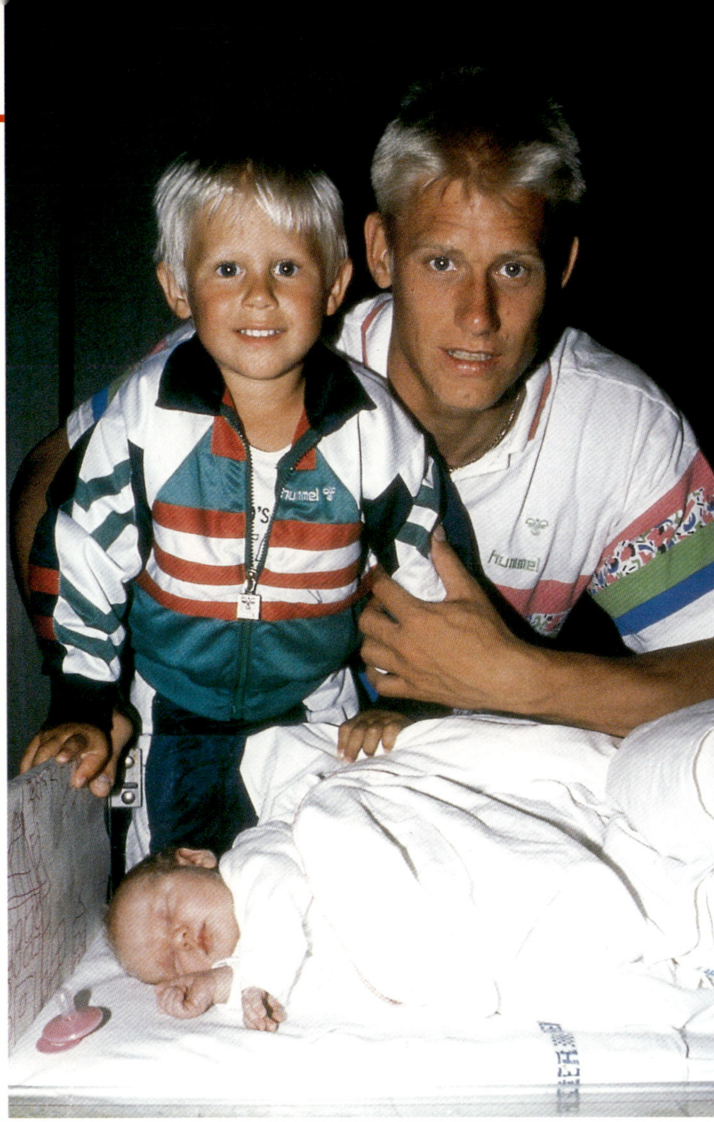

Zu Hause um seine Kinder rührend bemüht: Peter Schmeichel mit Sohn Kaspar und Tochter Cecilie

hummel
1
hummel

Schweden knapp verpaßt zu haben. Jugoslawien, im letzten Spiel in Wien gegen Österreich überraschend mit 2:0 erfolgreich, ging mit einem Punkt Vorsprung durchs Ziel. Doch zehn Tage vor dem Anpfiff des EM-Turniers drückte die hohe Politik den Dänen sozusagen die Tickets in die Hand: Der UN-Sicherheitsrat hatte in seinen Sanktionen gegen Serbien und Montenegro ausdrücklich auch den sportlichen Boykott festgeschrieben. FIFA und UEFA schlossen sich an. Quintessenz: Die Jugoslawen mußten ihr EM-Trainingslager auflösen und Möller-Nielsen seine Spieler aus dem Urlaub zurückrufen.

Mit mächtigem Armzug, einem Diskuswerfer ähnlich, wirft der Torwartriese Peter Schmeichel einem Mitspieler den Ball zu.

Briegels Superelf

Die Mühe lohnte sich: Dänemark wurde Europameister und Peter Schmeichel nach dem 2:0-Endspielsieg gegen Deutschland mit Lorbeeren geschmückt. »Es ist keine Schmeichelei: Schmeichel war der beste Torhüter dieses Turniers und an diesem Tage unbezwingbar«, tippte ein deutscher Reporter in seine Maschine. Und Englands angesehene Tageszeitung »Daily Mail« berichtete: »Schmeichel war

DATEN UND FAKTEN

Geboren am 18. November 1963
Geburtsort: Kopenhagen

Klubs: Gladsaxe-Hero (1975–1983), Hvidovre IF Kopenhagen (1984–1986), Bröndby IF Kopenhagen (1986–1991), Manchester United (seit 1991)

Mit Bröndby Landesmeister 1987, 1988, 1989, 1991
Pokalsieger 1989, mit Manchester Landesmeister 1993, 1994, 1996, Pokalsieger 1994, 1996
87 Länderspiele
Europameister 1992
EM-Teilnehmer 1996

»Mit seinen wunderbaren Zwischenrufen gibt er der ganzen Abwehr Selbstvertrauen.« (Nationaltrainer Möller-Nielsen über Peter Schmeichel)

Jubel im Doppelpack: Nach dem Sieg über Holland liegen sich Peter Schmeichel und Flemming Povlsen in den Armen (Szene aus dem EM-Halbfinalspiel 1992, das die Dänen im Elfmeterschießen mit 5:4 für sich entschieden).

KARRIERE-HIGHLIGHTS

Seine Premiere als Fußballprofi feierte er bei Bröndby Kopenhagen. Der Klub führte 1987 als erster dänischer Klub das Vollprofitum ein. Mit Schmeichel wurde Bröndby **1987**, **1988**, **1989** und **1991 Champion** und **1989 Pokalsieger**.
International machte Schmeichel im **UEFA-Pokal 1990/91** mit Bröndby und seinem Trainer Morten Olsen Schlagzeilen. Die Dänen warfen zum Auftakt Eintracht Frankfurt (5:0, 1:4) und dann im Achtelfinale Bayer Leverkusen (3:0, 0:0) aus dem Rennen. Den Siegeslauf der »Nordlichter« stoppte erst der AS Rom mit seinem Torjäger Rudi Völler im Halbfinale.
Bei der **EM 1992** in Schweden vollbrachte Dänemark eine **Fußballweltsensation**: Mit einem 2:0 gegen Deutschland wurde die Mannschaft, die für Jugoslawien eingesprungen war, mit Schmeichel, Lars Olsen, Piechnik, Kent Nielsen, Sivebaek, Peter Jensen, Larsen, Vilfort, Christofte, Brian Laudrup und Povlsen Europameister. Im Halbfinale hatte Dänemark das Elfmeterschießen gegen Titelverteidiger Holland gewonnen und Schmeichel einen Strafstoß von Marco van Basten abgewehrt.
In England setzte Schmeichel seine Erfolgsserie fort. 1991 auf die Insel gewechselt, wurde er **1993**, **1994** und **1996** mit Manchester United **Landesmeister**.
Die IFFHS (International Federation of Football History & Statistics), der 100 Länder angeschlossen sind, kürte ihn **1992** und **1993** zum **weltbesten Torhüter**. Dänemarks Sportjournalisten wählten ihn **1990** und **1993** zum **Fußballer des Jahres** und **1987, 1988, 1990** und **1993** zum **Torhüter des Jahres.**

der Held, als die Dänen ausschwärmten, um Deutschland einzunehmen.« Hans-Peter Briegel, in Schweden für das »Kicker-Sportmagazin« unterwegs, nominierte den dänischen Schlußmann neben zwei weiteren Spielern des Europameisters (Kim Christofte, Flemming Povlsen) für seine »EM-Superelf«.
1992 war Schmeichel schon ein Jahr lang Profi in England. Bröndby IF Kopenhagen hatte ihn für Manchester United freigegeben und fünf Jahre zuvor geholt, als der Klub sich als erster dänischer Fußballverein auf Vollprofibasis umstellte. Bis 1986 war Schmeichel erst als Fliesenleger und später als Anzeigen-Akquisiteur für eine Zeitung tätig gewesen.

In England genießt Peter Schmeichel großes Ansehen; mit Manchester United wurde er 1996 zum dritten Mal englischer Meister.

In »Old Trafford«, wie das berühmte Stadion der United heißt, fühlte sich der Däne sofort heimisch. Schneller als irgendein Ausländer vor ihm akklimatisierte er sich. Der englische Fußball inspirierte ihn geradezu. Das Tempo des Spiels und die vollen Stadien sagten ihm besonders zu. Schmeichel zum Tempo: »In keiner Liga wird so schnell gespielt wie in England, da werden auch an die Torhüter höhere Anforderungen gestellt.« Schmeichel zu den vollen Stadien: »Es baut mich auf, wenn mir Woche für Woche 40 000 bei der Arbeit zusehen.«

Triumphe mit Manchester

Als Manchester United 1993 zum ersten Male nach 26 Jahren wieder englischer Meister wurde, nannte Teammanager Alex Ferguson die Torhüterleistungen des Dänen als den entscheidenden Faktor für den Titelgewinn. Auch 1994 ging die Meisterschaft nach Old Trafford. Und als die Saison 1995/96 zu Ende ging, schnappte die United im letzten Moment Kevin Keegan und Newcastle den Titel weg.
Verdrängt waren in diesem Augenblick die Pleiten im Europapokal: Im ersten Meisterjahr wurde sogar das Ziel verfehlt, die Champions League zu erreichen. Da scheiterte die Mannschaft an Galatasaray Istanbul mit 3:3 und 0:0. Und als es in Old Trafford kurz vor Schluß noch 3:2 für die Türken stand und Fans der Gäste vor Freude den Platz stürmten, hielt es Schmeichel nicht mehr in seinem Tor: Kurzerhand scheuchte er ein paar der Platzbesetzer vom Spielfeld.

TOP 20

TONI SCHUMACHER

Ein Weltmeister ohne Weltmeistertitel

Für den Leistungssport war er nicht gerade prädestiniert: Harald Anton (»Toni«) Schumacher kam mit X-Beinen auf die Welt und mußte fürchten, ein Problemfall für Orthopäden zu werden. Doch der Sohn eines Bauarbeiters aus Düren wurde nicht zum Dauerpatienten, sondern zum wohl besten Torhüter seiner Zeit. Zwischen 1977 und 1986 sammelte er Titel en masse und Anerkennung auf höchster Ebene.

Sein größtes Ziel freilich, auf das er jahrelang hingearbeitet hatte, verbaute er sich selbst: Eine mißglückte Faustabwehr im WM-Endspiel 1986 in Mexiko, mit der er das 1:0 der Argentinier begünstigte, und ein brisantes Buch, dessen fatale Auswirkungen er unterschätzte, verhinderten, daß Toni Schumacher wie sein Vorbild Sepp Maier

Weltmeister wurde. So geht der Rheinländer als Weltmeister ohne Weltmeistertitel in die Weltgeschichte des Fußballs ein.

Ein Buch und seine Folgen

Nach zwei Finalteilnahmen 1982 und 1986 hatte er sich fest vorgenommen, das WM-Glück bei seinem dritten Versuch erzwingen zu können. Doch der Inhalt des erwähnten Buchs kostete ihn den Job beim Arbeitgeber 1. FC Köln und den Platz im Tor der Nationalmannschaft. Der damalige FC-Präsident Peter Weiand hielt es für undenkbar, einen Mann länger zu beschäftigen, der u. a. auf Dopingmißbrauch beim 1. FC Köln hingewiesen hatte, und kündigte dem »Enthüller« fristlos. Der DFB, von Teamchef Franz Beckenbauer nicht gebremst, zog nach.

Schumacher und sein Berater Rüdiger Schmitz hätten wissen müssen, daß Vorschläge wie der, das Quartier der Nationalmannschaft bei großen Turnieren zur Behebung des sexuellen Notstandes temporär zum Freudenhaus zu machen, die ehrpusseligen Funktionäre des größten Sportverbandes der Welt zur gnadenlosen Abstrafung provozieren werden.

Kritik an jungen Kollegen

Das Buch wurde in viele Sprachen übersetzt und erreichte sechsstellige Auflagen. Unter anderem hielt Schumacher seinen jungen Berufskollegen aus der Bundesliga vor: »Die meisten ernähren Tennis-, Golf- oder Reitlehrer. Warum bloß hält sich von denen keiner einen eigenen Fußballehrer? Den hätten sie bitter nötig, um besser zu schießen, zu flanken, zu dribbeln. Wenn ich ein Tor reinkriege, möchte ich platzen, die jungen Herrschaften nehmen alles sehr gelassen, fast gleichgültig. Die sind ›cool‹. Kein Ehrgeiz, kein Wille zu siegen. Sie spielen weder gut noch schlecht, die spielen halt drauflos.«

KARRIERE-HIGHLIGHTS

1977 unter Trainer Hennes Weisweiler als Torhüter des 1. FC Köln endgültig zur Nummer eins aufgestiegen, gewann Toni Schumacher nach dem **DFB-Pokal** ein Jahr später, **1978**, das Double (**Deutsche Meisterschaft** und **DFB-Pokal**). Zwei Jahre später war er **Europameister**. Im EM-Endspiel von Rom 1980 schlug die deutsche Mannschaft mit Schumacher, Stielike, Kaltz, Karlheinz Förster, Dietz, Schuster, Hansi Müller, Briegel (Cullmann), Karl-Heinz Rummenigge, Hrubesch und Klaus Allofs Belgien durch zwei Tore von Hrubesch mit 2:1.
Zweimal erreichte Schumacher mit der Nationalmannschaft das **WM-Finale**. Unvergessen bleiben seine Großtaten im **Halbfinale 1982** gegen Frankreich in Sevilla und im **Viertelfinale 1986** gegen Mexiko in Monterrey, wo er im abschließenden Elfmeterschießen jeweils zwei Strafstöße abwehrte und so zum **Matchwinner** wurde.
Mit dem 1. FC Köln kam er **1986** in die **UEFA-Pokal-Finals.** Die Mannschaft Schumacher, Gielchen, Steiner, Prestin, Geils, Geilenkirchen, Hönerbach, Bein (Häßler), Janssen (Pisanti), Littbarski (Dickel) und Klaus Allofs, mit Georg Keßler als Trainer, verlor gegen Real Madrid im Hinspiel 1:5 und siegte im Rückspiel mit 2:0.

DATEN UND FAKTEN

Geboren am 6. März 1954
Geburtsort: Düren

Klubs: Schwarz-Weiß Düren (1962–1972), 1. FC Köln (1972–1987), Schalke 04 (1987–88), Fenerbahce Istanbul (1988–1991)

Mit dem 1. FC Köln Deutscher Meister 1978, DFB-Pokalsieger 1977, 1978, 1983, mit Istanbul Landesmeister 1989
445 Bundesligaspiele
76 Länderspiele
WM-Finalist 1982, 1986
Europameister 1980
EM-Teilnehmer 1984
Fußballer des Jahres 1984, 1986

> »Dieser Toni ist ein Weltklassemann. Für mich ist er sogar der beste Torhüter, den ich je gesehen habe.« (Paul Breitner nach der WM 1982)

SCHALKE
1

Schumacher forderte von sich und seinen Kollegen immer Höchstleistungen und den unbedingten Willen zum Erfolg. Sah er seine Ansprüche gefährdet, konnte er leicht ausrasten:
So zum Beispiel bei der WM 1982 in Spanien, wo er im Halbfinale gegen Frankreich den anstürmenden Verteidiger Battiston mit angezogenem Knie rammte und ihm dabei zwei Zähne ausschlug.
So zum Beispiel bei der EM 1984 in Frankreich, wo er nach dem Aus in der Vorrunde gegen Spanien seine Torwarthandschuhe aus dem Hotelzimmer warf.
Oder so zum Beispiel bei der WM 1986 in Mexiko, wo er, von Karl-Heinz Rummenigge als Anführer einer Kölner »Mafia« verdächtigt, die Böses gegen selbigen im Schilde führe, heimfliegen wollte. Sein Freund und Berater Rüdiger Schmitz redete ihm das wieder aus.

Die Lehre hatte Vorrang

Angefangen hatte alles in Düren, der idyllischen Stadt am Rande der Eifel. Mit 15 habe er bei Schwarz-Weiß Düren schon viermal in der Woche trainiert, zweimal bei der Jugend, zweimal bei den Männern und »wie ein Mönch gelebt«, berichtete er einmal. Mit 16 wollte ihn Jupp Röhrig, der Altinternationale des 1. FC Köln, für die A-Jugend des rheinischen Traditionsklubs haben, doch da legte Mutter Helga ihr Veto ein. »Erst macht der Toni seine Lehre als Kupferschmied«, forderte sie.
Nach der Gesellenprüfung war es dann soweit. 1200 Mark Grundgehalt und 30 000 Mark Jahresprämie garantierte ihm der erste Vertrag. Seine Vorstellung, gleich die Bundesliga zu erobern, erhielt indes einen Dämpfer. »Die Nummer eins in Köln war Gerhard Welz. Ein Verrückter. Der trainierte wie ein Besessener. Voll jugendlicher Selbstüberschätzung dachte ich: Schumacher, Torwart der Jugendnationalmannschaft, fegt den jetzt einfach weg! Und prompt mußte ich feststellen, so einfach war das nicht. Bälle, wie Welz sie hielt, blieben für mich – noch – unerreichbar«, beschrieb Schumacher in einem Rückblick seine Startphase.
Und auch ein schwerer Trainingsunfall des Hessen Welz – er stieß mit dem Kopf gegen eine Eisenstange und schwebte vorübergehend in Lebensgefahr – verbesserte Schumachers Situation langfristig kaum. Trainer-Guru Hennes Weisweiler, 1976 vom FC Barcelona nach Köln gewechselt, hielt zunächst nicht allzuviel von ihm. Hätte es nach dem Pokalfinale 1977 in Hannover gegen Hertha BSC Berlin

In Köln war Toni Schumacher viele Jahre lang das Idol der FC-Fans. Totale Identifikation wurde auch auf Transparenten demonstriert.

Linke Seite: Nach seinem Rauswurf in Köln wurde der FC Schalke zur neuen sportlichen Heimat von Toni Schumacher.

Toni Schumacher dirigierte das Spiel vor und hinter den Kulissen; und nie nahm der »Köllsche Tünn« dabei ein Blatt vor den Mund.

Die große Geste gehörte zu seinem Naturell: Toni Schumacher stand gern im Mittelpunkt und machte das auch sichtbar.

den Zwist zwischen Hertha-Torhüter Norbert Nigbur und Kölns Klubpräsidenten Weiand nicht gegeben, wäre Schumacher wohl abgeschoben worden. Nigbur hatte vor dem Finale zu- und nach dem Finale abgesagt.

Das Ticket zur EM 1980

In seiner Not suchte der umstrittene Keeper eine Psychologin auf, die es tatsächlich schaffte, den Patienten mental zu stärken. Aus dem »Zappelphilipp« (Weisweiler) wurde eine Persönlichkeit und letztlich ein Torhüter der Extraklasse. Helmut Schön hätte ihn 1978 durchaus mit zur WM nach Argentinien nehmen können, doch der hochsensible Sachse fürchtete Temperament und Mundwerk des cholerischen Rheinländers und zog den braven Rudi Kargus vor. Und auch Schön-Nachfolger Jupp Derwall hätte bei der EM 1980 wohl auf Schumacher verzichtet, wären nicht Sepp Maier (Autounfall) und Norbert Nigbur (Meniskusoperation) ausgefallen. So wurde der Kölner plötzlich wichtig und in Italien dann zur auffälligsten Erscheinung zwischen den Pfosten.

Mit Schalke abgestiegen

Nach seiner Entlassung in Köln nahm ihn Schalke-Präsident Günter »Oskar« Siebert mit offenen Armen auf. Doch trotz Schumacher stiegen die Königsblauen 1988 aus der Bundesliga ab. In der Türkei fand er neues Fußballglück. Fenerbahce Istanbul sicherte sich seine Dienste – für 600000 Mark netto Jahresgage, so war zu lesen. Als er im Sommer 1991 in einem Abschiedsspiel gegen Atletico Madrid, dem damaligen Klub seines Freundes Bernd Schuster, zum letzten Male für Fenerbahce spielte, jubelten 50000 Fans ihrem »Schumeier« zu. Den Erlös des Spiels und einer Gala, an der auch Staatspräsident Özal teilnahm, stiftete der Torhüter für den Aufbau einer Kinderkrebsklinik in Istanbul.

Von München nach Dortmund

Nach der Rückkehr der Mannschaft aus der Türkei in die Heimat sprang Schumacher zunächst als Aushilfstorhüter beim FC Bayern ein, ehe er das Torwarttraining übernahm. Später holte ihn Borussia Dortmund. Dort wurde er 1996 Co-Trainer.

Rechte Seite: Im Kampf um den Ball riskierte Toni Schumacher Kopf und Kragen.

Eine Szene, die seine Karriere beeinflußte: Im WM-Finale gegen Argentinien verfehlt Toni Schumacher nach einer Ecke den Ball und begünstigt so das 1:0 des späteren Weltmeisters.

PETER SHILTON

Ein Weltrekord, der Bestand hat: In mehr als 60 Länderspielen blieb Peter Shilton ohne Gegentor.

Rechte Seite: Weil ihm kaum Schwächen nachzuweisen waren, gab ein prominenter Klubpräsident Peter Shilton den Namen »Peter Perfekt«.

Heros und Hasardeur

»Sein unbändiger Ehrgeiz, möglichst perfekt zu sein, fiel mir bei ihm schon in jungen Jahren ins Auge. Stets hat Peter Shilton so hart trainiert und an sich gearbeitet wie kein anderer.« (Sein Vorgänger Gordon Banks)

Das ohnehin gespannte Verhältnis zwischen Trainer Branko Zebec und den Profis des Hamburger SV ging in der Nacht zum 29. Mai 1980 endgültig aus dem Leim. Der zuckerkranke Jugoslawe nahm den Spielerfrauen an der Hotelbar die Sektgläser aus der Hand; anschließend befahl er die Spieler ins Bett. Doch weil sie nicht gehorchten, brach beim stinkvornehmen Klub von der Elbchaussee eine Palastrevolution aus. Am Ende mußte Zebec gehen.

»Der Gummimann im Tor«

Ursache für den Blackout des Trainers war die 0:1-Niederlage im Europapokal der Landesmeister gegen Notting-

KARRIERE-HIGHLIGHTS

Sein erstes Länderspiel bestritt Peter Shilton, 21 Jahre jung, im November 1970 gegen die DDR (in Wembley gewann England 3:1), sein letztes, 40 Jahre alt, bei der Weltmeisterschaft 1990 in Italien (im Kampf um Bronze unterlag England dem Gastgeber mit 1:2).
Mit **125 Länderspielen** war Shilton Weltrekordmann bis zum Juni 1995. Dann überholte ihn Ravelli. Noch mehr Spiele wären es gewesen, hätte es in den siebziger Jahren den von Ramsey-Nachfolger Don Revie bevorzugten Ray Clemence nicht gegeben. In der Zeit zwischen Mai 1974 und Juni 1979 wurde Shilton nur sechsmal nominiert. Seine beste Zeit hatte er unter Teammanager Bobby Robson. In dieser Ära brachte es der Torhüter auf **drei Weltmeisterschaften** und **eine Europameisterschaft**. Auch unter Alf Ramsey war er erste Wahl. Doch weil sich England für die WM 1974 in Deutschland nicht qualifizieren konnte – die Mannschaft scheiterte an Polen –, wurde Ramsey abberufen. **In mehr als 60 Länderspielen** blieb Shilton **ohne Gegentor** – auch das ein Weltrekord. Seine großen Kluberfolge feierte er mit Nottingham Forest. Zweimal hintereinander wurde er mit dem Team **Europapokalsieger der Landesmeister**, **1979** durch ein 1:0 über Malmö FF, **1980** durch ein 1:0 über den Hamburger SV. Und die Kritiker waren sich nach dem Endspiel einig: Ohne Shilton wäre der Triumph nicht möglich geworden. Mit seiner Ruhe, seinen Reflexen und seinem exzellenten Stellungsspiel demoralisierte er die gegnerischen Stürmer.
Sein Ebenbild ist im berühmten Wachsfigurenkabinett der Madame Tussaud am U-Bahnhof Baker Street in London aufgestellt.

ham Forest gewesen, für die zwei Akteure hauptverantwortlich zeichneten: Stürmer John Robertson aus Schottland, der das goldene Tor erzielte, und Torhüter Peter Shilton, der mögliche Gegentore verhinderte. »Shilton, der Gummimann im Tor, hält an diesem Abend in Madrid alles. Er stoppt einen Freistoß von Magath, einen fast unhaltbaren Flachschuß von Milewski, und er drückt mit den Fingerspitzen einen Schuß größeren Kalibers von Libero Nogly über das Lattenkreuz«, hielt ein Reporter die markantesten Rettungsaktionen des Engländers fest.

Zu dieser Zeit gehörten Lobpreisungen längst zum sportlichen Alltag des Peter Shilton. Bevor ihn Brian Clough 1977 in die Stadt des legendären Robin Hood holte, war der Sohn eines Gemüsehändlers bei Leicester City und bei Stoke City mit großem Erfolg tätig gewesen.

Seine Karriere als Torhüter hatte er schon als Kind geplant. Der Zehnjährige, so berichteten die Eltern, habe Spielsituationen auf Papier gemalt und dann im Freien ganz für sich allein simuliert, stundenlang, bis es dunkel wurde. Und auch vor persönlichen »Folterungen« sei er nicht zurückgeschreckt. So habe er sich als 15jähriger wie ein Affe ans Treppengeländer gehängt und seine Füße mit Gewichten beschwert, um auf diese Weise seine Arme zu verlängern. Fünf Zentimeter, so wurde kolportiert, habe er durch diese Tortur gewonnen.

Debüt bei Sir Ramsey

Zu den gesicherten Daten gehört, daß er als 17jähriger ein Angebot des renommierten FC Arsenal London hatte, damals aber schon vertraglich an Leicester City gebunden war – als Fußballehrling. Im Klub des verehrten Gordon Banks fühlte er sich gut aufgehoben. Als Banks 1967 zu Stoke City wechselte, durfte Shilton zeigen, daß er seinem Vorbild viel abgeschaut hatte. Der Aufstieg des zielstrebigen Jünglings war nicht aufzuhalten. Mit

21 berief ihn Sir Alf Ramsey zum ersten Male in die Nationalmannschaft. Beim 3:1-Sieg der Engländer 1970 in Wembley gegen die DDR mußte der Debütant einen 40-Meter-Schuß des Chemnitzers Eberhard »Matz« Vogel passieren lassen – ein Ereignis, das ihm schwer zu schaffen machte.

Gegentore taten weh wie Zahnschmerzen

Gegentreffer gingen Shilton mehr unter die Haut als Vorwürfe oder Enthüllungen, die sich um sein nicht immer skandalfreies Privatleben drehten. »Peter Shilton haßt es, Tore zu kassieren, wie es die meisten Menschen hassen, zum Zahnarzt zu gehen. Am Sonnabend müssen ihm alle Zähne wehgetan haben, und es war so, als ob sie ihm alle, und zwar unbetäubt, gezogen wurden«, beschrieb die ehrwürdige »Times« das seelische Befinden des Torhüters nach dem wohl schwärzesten Tag seiner Karriere. Damals – er trug das Trikot des FC Southampton – hatte sein Team mit 0:7 gegen Luton Town verloren.

Von Maradona war er enttäuscht

Auf internationaler Bühne bereiteten ihm drei Spieler besonders heftige »Zahnschmerzen«: Der Argentinier Diego Maradona, der Deutsche Andreas Brehme und der Holländer Marco van Basten. 1986 wurde die Fußballwelt Zeuge, wie Maradona im WM-Viertelfinale Shilton narrte. Zur gleichen Zeit sprangen die beiden nach dem Ball. Doch als sich der englische »Kleiderschrank« (90 kg schwer, 1,84 m groß) die Kugel gerade greifen wollte, lupfte der 1,66 m

Shakehands mit Diego Maradona vor dem WM-Spiel 1986 in Mexiko, in dem der kleine Argentinier mit der Hand das 1:0 erzielte.

In 125 Länderspielen »Old Albion« würdig vertreten: Peter Shilton, der als Jugendlicher seine Arme gewaltsam verlängert haben soll.

DATEN UND FAKTEN

Geboren am 18. September 1949 Geburtsort: Leicester Klubs: Leicester City (1965–1974), Stoke City (1974–1977), Nottingham Forest (1977–1982), FC Southampton (1982–1987), Derby County (1987–1992), FC Wimbledon (1995–1996)	Mit Nottingham Forest Europapokalsieger der Landesmeister 1979, 1980, Landesmeister 1978, Ligacup-Gewinner 1978, 1979 125 Länderspiele (Weltrekord bis Juni 1995) WM-Teilnehmer 1982, 1986, 1990 EM-Teilnehmer 1980, 1988

»Seit den 50er Jahren habe ich alle großen Torhüter, angefangen bei Jaschin, gesehen. Und ich hege nicht den geringsten Zweifel, daß Peter Shilton der beste Keeper aller Zeiten ist.« (Bobby Robson, englischer Teammanager von 1982 bis 1990)

kleine Argentinier den Ball mit der Hand über Shilton hinweg ins Tor. Der Engländer hatte es gesehen, der tunesische Schiedsrichter Benacuer nicht. Und da Maradona nicht daran dachte, sein Betrugsmanöver zuzugeben, vielmehr eine Legende strickte (»Das war die Hand Gottes«), zählte der Treffer. Shilton, der nicht protestierte, war von dem Megastar enttäuscht. Er hatte mehr Fairneß erwartet.

Das Ärgernis Brehme

Vier Jahre später, bei der WM in Italien, wurde Andreas Brehme für Shilton zum großen Ärgernis. Im Halbfinale mußte er erst den Ball nach einem der gefürchteten Freistöße des Norddeutschen und dann auch noch dessen Strafstoß im abschließenden Elfmeterschießen aus dem Netz fischen.
1988 hatte Marco van Basten dem Engländer den Spaß an der Europameisterschaft in Deutschland verdorben, beim 1:3 in Düsseldorf gleich dreimal bezwungen und England damit praktisch allein aus dem Wettbewerb geworfen.
1988 war Shilton 38 Jahre alt und längst ein gemachter Mann. Bei seinem Wechsel 1987 von Southampton zu Derby County seien drei Millionen Mark Ablöse geflossen, aber nur ein Zehntel der Summe auf dem Konto des abgebenden Vereins gelandet, hieß es. Shiltons Jahreseinkommen wurde auf 1,6 Millionen Mark taxiert. Damit galt er als Bestverdiener im englischen Ligafußball. Vor der WM 1990, bei der Shilton den Weltrekord seines britischen Torhüterkollegen Pat Jennings (119 Länderspiele) übertraf, hieß es in einer Kurzbiographie: »Shilton hat längst ausgesorgt, besitzt drei Häuser und fünf Rennpferde.«

Hohe Summen verwettet

Rennpferde waren eine Leidenschaft des lebensfrohen Profis. Mit Pferdewetten verlor er auch recht viel Geld. Im Oktober 1995 meldete die Deutsche Presse-Agentur (dpa): »Auf umgerechnet 600 000 Mark werden seine Schulden bei insgesamt sechs Banken beziffert. Mit etwa 40 000 Mark steht der 45 Jahre alte Shilton allein bei der Spielergewerkschaft, die ihn lange Zeit unterstützte, in der Kreide.«
Seine vielen Fans verziehen ihm solche Schwächen gern, und auch die Medien ließen »Peter Perfect«, wie ihn Southamptons Klubpräsident Lawrie McMenemy taufte, nicht fallen. Für sie war er zwar ein Hasardeur, aber eben auch ein Heros, der »Old Albion« in 125 Länderspielen würdig vertrat.

ULI STEIN

TOP 20

Ein Vollblut, das sich nicht zähmen läßt

Trainer brachte er zur Verzweiflung, manchmal auch zur Strecke. Aber auch sich selbst machte er das Leben nicht leicht. Auf dem Weg nach oben stellte sich Uli Stein in schöner Regelmäßigkeit immer mal wieder ein Bein. Er haßte Halbheiten, Halbwahrheiten und sportliche Unkorrektheiten, vor allem, wenn sie ihm so unverblümt wie bei der Weltmeisterschaft 1986 in Mexiko ins Gesicht geschleudert wurden. »Ich weiß, du bist in der Form deines Lebens. Es gibt überhaupt keinen besseren Torhüter bei dieser WM. Aber hier kannst du nicht spielen«, machte ihm Franz Beckenbauer deutlich – ein Tiefschlag, der das Wertgefüge des Gerechtigkeitsfanatikers aus Hamburg vorübergehend erschütterte.

Auch jenseits der 40 noch Extraklasse: Uli Stein, der zwei Jahrzehnte lang im deutschen Profifußball für Aufsehen sorgte.

»Dein größtes Problem ist dein nicht zu bändigender Ehrgeiz und der Maßstab, mit dem du die anderen gnadenlos an dir selbst mißt.«
(Ernst Happel zu Uli Stein)

SAMSUN
DBV
VERSICHERUNGEN

WIE EINE DROGE

Warum er schon als kleiner Junge unbedingt Torhüter werden wollte, schilderte Uli Stein in seinem Buch »Halbzeit« so: »Der Traum vom Fliegen fesselte mich, die Lust, scheinbar schwerelos im Raum sich zu bewegen. Der berauschende Verlust der Orientierung für Sekundenbruchteile erzeugte kitzligen Schwindel. Die Flucht aus der Erdanziehung machte mich süchtig.« Ein zweiter Grund: »Jeder Höhenflug endete bekanntlich für den menschlichen Körper auf dem Boden. Mein Hang zur sumpfigen Erdverbundenheit war schon fast sprichwörtlich. Und was kann schöner sein für ein Kind, das sich im Schlamm wälzt, als im Kasten einer Fußballmannschaft zu stehen?«

Von Nationalspielern, die sich im Umfeld des DFB besser auskannten als er, wollte er erfahren haben, warum er keine Chance bekommen durfte. Dazu heißt es in seinem Buch »Halbzeit«, das in Zusammenarbeit mit dem Frankfurter Journalisten Broka Herrmann entstand und Steins Gedanken und sportliche Stationen detailscharf wiedergibt: »Adidas sponserte das deutsche Team im allgemeinen und einzelne Spieler im besonderen. Es handelte sich dabei um Privatverträge, die einige Mannschaftskollegen und Funktionäre des DFB mit dem Sportausrüster aus Herzogenaurach vor der Weltmeisterschaft abgeschlossen hatten. Als mir darüber hinaus noch zugetragen wurde, daß sowohl Toni Schumacher als auch Franz Beckenbauer zu den Werbeträgern gehörte, ging mir ein Licht auf: Es funktionierte alles nach der Logik der heutigen Konsumgesellschaft. Der Hauptsponsor wollte vor allem seine wandelnden Litfaßsäulen im Fernsehen haben.«

Anschließend beruhigte er sich im Kreis seiner Spielerfreunde Dietmar Jakobs, Dieter Hoeneß und Klaus Au-

Gefahr erkannt, Gefahr gebannt: Uli Stein faustet den Ball im Spiel der Eintracht Frankfurt gegen Werder Bremen vor den Spielern Binz und Beiersdorfer.

»Fußball ist für Menschen wie mich nicht nur schnöder Mammon, sondern Leidenschaft, die seelisches Befinden, die Gemütslage schlechthin bestimmt.« (Uli Stein)

KARRIERE-HIGHLIGHTS

Aus einer überaus erfolgreichen Zeit beim Hamburger SV – **Meister 1982** und **1983**, **Pokalsieger 1987** – ragte der Gewinn des **Europapokals der Landesmeister** heraus. Mit der Mannschaft Stein; Hieronymus; Kaltz, Jakobs, Wehmeyer; Rolff, Milewski (Steins späterer Berater), Magath, Groh; Hrubesch, Bastrup (56. Minute von Heesen) schlug der HSV **1983** im Finale von Athen Italiens Rekordmeister Juventus Turin mit den Weltmeistern Zoff, Scirea, Gentile, Cabrini, Tardelli und Rossi sowie Frankreichs Fußballzauberer Platini und Polens Laufwunder Boniek mit 1:0.
Das goldene Tor erzielte Magath mit einem Hinterhaltschuß, der zum »Tor des Jahres« avancierte. Uli Stein bekam für seine Leistung Lob von allen Seiten. Der »Daily Mirror« schrieb: »Zoff konnte nur neidisch sein auf Stein.« Und der »Corriere dello Sport« kommentierte süffisant: »Mit Stein hätten wir auch gewonnen.« 1986 wollte der Hamburger, von Beckenbauers Vorgänger Jupp Derwall fahrlässig mißachtet, seine Extraklasse bei der WM in Mexiko beweisen. Doch Teamchef Beckenbauer scheute sich, Uli Stein dem Kölner Toni Schumacher vorzuziehen, verweigerte ihm sozusagen trotz Hochform die Chance.
Gleich zweimal hintereinander hielt Uli Stein den **DFB-Pokal** in seinen Händen: **1987** als Torhüter des HSV, **1988** als Schlußmann der Frankfurter Eintracht. In der **Saison 1991/92**, die er selbst als das **beste Jahr seiner langen Laufbahn** bezeichnet, wäre er gern mit den Hessen Deutscher Meister geworden. Die Eintracht galt bis zum letzten Spieltag als großer Favorit, spielte »Fußball 2000«, unterlag aber zum Abschluß der Saison beim Absteiger Hansa Rostock mit 1:2. Ein Unentschieden hätte zum Titelgewinn gereicht. Für die zerplatzten Titelhoffnungen machte der Torhüter neben Schiedsrichter Berg, der der Eintracht kurz vor dem Abpfiff einen Elfmeter verweigerte, vor allem Andreas Möller verantwortlich. »Der Junge ist eines der größten Talente, verdient in Frankfurt drei Millionen Mark – doch im Kopf ist er ein Dreikäsehoch geblieben. Mein Gefühl, er benutze die Eintracht lediglich als Durchlauferhitzer auf dem Wege ins italienische Lire-Paradies hat mich nicht getrogen«, stellte er verbittert fest. 1992 wechselte Möller zu Juventus Turin.

genthaler. Die vier bildeten in Mexiko eine verschworene Gemeinschaft und wurden nach einem Ausgang, bei dem sie den »Zapfenstreich« überschritten, vom Teamchef zur Kasse gebeten. Drei sollten 5000 Mark, Stein das Doppelte zahlen. »Wieso ich 10 000 Mark?«, fragte Stein seinen früheren Klubkameraden Franz Beckenbauer, mit dem er zusammen 1982 in Hamburg Deutscher Meister geworden war. Die Antwort – »Dich rettet das vor dem Heimflug« – provozierte Solidarität. Mit Stein baten Dieter Hoeneß und Augenthaler um das Flugticket. Die Drohung fruchtete; Beckenbauer blies die Sache ab.

Das böse Kürzel »SK«...

Als sich später im Quartier herumsprach, daß Stein für Beckenbauer das Kürzel »SK« gefunden hatte und zugab, daß sich dahinter das Schmähwort »Suppenkaspar« verbarg, schickte der DFB den Torhüter auf die Heimreise. Parallel dazu gab Stein seinen Rücktritt aus der Nationalmannschaft bekannt – ein Entschluß, der von Zorn diktiert und Beckenbauer nicht ganz recht war. »Überleg es dir noch einmal, bei mir ist immer eine Tür offen«, sagte er Stein, bevor der Torhüter zum Flughafen fuhr.
Sperrangelweit stand die Tür im Sommer 1987 offen. Vergessen war Mexiko und der Platzverweis im Pokalspiel in Augsburg im Herbst 1986, als Stein wegen Schiedsrichterbeleidigung vier Wochen Sperre und dann auch noch von Trainer Ernst Happel eine längere Denkpause erhielt, und die Zeit war günstig: Toni Schumacher, der privilegierte Widersacher, bekam für Dopingenthüllungen und abfällige Bemerkungen gegen DFB-Funktionäre

lebenslänglich. Der Posten des ersten Tormanns der Nation war also wieder frei und Stein in Bestform. Zudem hatten der ehemalige HSV-Manager Günter Netzer, der Uli Stein 1980 aus Bielefeld und Beckenbauer aus New York an die Alster geholt hatte, und dessen Nachfolger Felix Magath seine Rückkehr in die Nationalmannschaft gefordert.

Ein Faustschlag mit Folgen

Dann passierte das: Im Supercupspiel zwischen Meister Bayern München und Pokalsieger HSV knallt Pflügler den Ball in der 87. Minute an den Pfosten. Stürmer Jürgen Wegmann schiebt den ins Feld zurückprallenden Ball zum 2:1 über die Torlinie und fällt dabei über Stein. Sekundenbruchteile später schlägt der Torhüter dem Münchner die Faust unters Kinn. Am nächsten Morgen schickte ihn der HSV in Urlaub, was dem neuen Trainer Josip Skoblar, der den nach Innsbruck gewechselten Ernst Happel ablöste, durchaus in den Kram paßte. Der Serbe hatte einen Landsmann mitgebracht, der ins Tor sollte. Doch Mladen Pralija aus Split zeigte in Abwesenheit von Stein Woche für Woche, daß er für die Bundesliga untauglich war.

In Hamburg mehrten sich darum die Stimmen, daß es ohne Stein nicht gehe. Nachdem Kapitän Thomas von Heesen und Dietmar Jakobs im Namen der Mannschaft einen Vorstoß unternommen hatten, plädierte Hamburgs Regierender Bürgermeister Klaus von Dohnanyi bei der 100-Jahrfeier des Vereins für eine Amnestie. Doch weder der Politpromi der SPD noch eine Umfrage der »Hamburger Morgenpost«, bei der 92 Prozent die Rückkehr Steins wünschten, konnten das Präsidium nebst Magath und Skoblar erweichen.

Einen Pokal hielt Uli Stein oft im Arm: Mit dem HSV gewann er 1983 sogar den Europokal der Landesmeister.

50 000 Mark aus eigener Tasche

Mit 33 mußte sich Stein also einen neuen Arbeitsplatz suchen. Eintracht Frankfurt griff zu, war bereit, 450 000 Mark auszugeben. 50 000 Mark mehr aber wollte der HSV haben, und damit der Wechsel nicht platzt, zahlte Stein den Differenzbetrag aus der eigenen Tasche.

Mit Uli Stein im Tor, dem ungarischen Star Lajos Detari als brillantem Spielgestalter (und Schützen des 1:0-Sieges über den VfL Bochum) wurde die Eintracht 1988 Pokalsieger, der Torhüter

DATEN UND FAKTEN

Geboren am 23. Oktober 1954
Geburtsort: Hamburg

Klubs: FC Wunstorf (1968–1976), Arminia Bielefeld (1976–1980), Hamburger SV (1980–1987), Eintracht Frankfurt (1987–1994), Hamburger SV (1994–1995) Arminia Bielefeld (seit 1995)

Mit dem HSV Europapokalsieger der Landesmeister 1983, Landesmeister 1982, 1983, Pokalsieger 1987, mit Eintracht Frankfurt Pokalsieger 1988
6 Länderspiele
WM-Teilnehmer 1986 (ohne Einsatz)

aber danach nicht mehr froh. Ohne Lajos Detari, der nach Griechenland ging, mit dem Ungarn Pal Csernai als neuem Trainer und einem mit den eigenen Leistungen nicht immer zufriedenen Uli Stein stürzte die Eintracht ab. DDR-Trainer Jörg Berger rettete als »Feuerwehrmann« die Frankfurter in zwei Relegationsspielen gegen den 1. FC Saarbrücken vor dem Abstieg.

»Ein Mann, der vielleicht zu oft streitet, aber er ist dafür kein solcher Fernseh-Image-Geld-Melker wie einige seiner jüngeren Kollegen von heute.« (Klaus von Dohnanyi als Regierender Bürgermeister von Hamburg)

»Reifeprüfung bestanden«

Uli Stein dachte ans Aufhören, beruhigte sich aber wieder, als der Eintracht-Vorstand 1989 Uwe Bein als Spielmacher und Ralf Falkenmayer als dessen Zuarbeiter vorstellte. Am Saisonende war die Eintracht Dritter. Uwe Bein wurde als der »Maradona vom Main« gefeiert und Frankfurts Torhüter vom Stadtmagazin »Pflasterstrand« so gewürdigt: »Uli Stein, seit Sepp Maier der souveränste Wächter zwischen deutschen Torpfosten, hat die Reifeprüfung nach 35 Jahren bestanden. Der Dickschädel ist Publikumsliebling. ›Theo gegen den Rest der Welt‹, wie er sich selbst gerne sieht, suggeriert die individuelle Besiegbarkeit des Bösen, von dem es im Bums- und Bankenbabylon so vieles gibt.«

Neuberger war gegen das Comeback

Mehr als alle Loblieder trieb ein Anruf von Franz Beckenbauer ein halbes Jahr vor der WM in Italien Uli Steins Blutdruck in die Höhe. Dabei soll sich folgender Dialog abgespielt haben. Beckenbauer: »Sag mal Uli, würdest du noch einmal für Deutschland spielen, nach all dem, was passiert ist?« Stein: »Natürlich würde ich gern Weltmeister werden.« Beckenbauer: »Genau das will ich auch, und dafür brauche ich die Besten, und du bist zur Zeit wieder der Beste.« DFB-Präsident Neuberger, so Stein, habe gegen solche Absichten indes sein Veto eingelegt.

Die Querelen mit Möller

1990 kehrte mit Andreas Möller aus Dortmund ein Spieler an den Main zurück, der im deutschen Profifußball als Mimose, nichtsdestoweniger aber auch als Ausnahmetalent galt. Möller und Bein, das mußte die Meisterschaft sein, dachten die Eintracht-Fans und mit ihnen das Gros der deutschen Berufskritiker. Doch statt des Titels gab es Dauerquerelen zwischen Stein und Möller und dessen Manager Gerster. Und weil Jörg Berger nicht den Mumm – oder die Autorität – besaß, den erfolgsmindernden Zwist zu beenden, durfte er gehen.
Freilich: Auch mit Dragoslav Stepanovic, der als Profi bei der Eintracht mit

Jürgen Grabowski und Karl-Heinz Körbel große Zeiten erlebt hatte, konnte 1992 der heiß ersehnte Titel nicht gewonnen werden (siehe auch Karriere-Highlights).

Ein Bruder im Geiste

Uli Stein vermißte bei dem Serben die Souveränität und das Einfühlungsvermögen eines Ernst Happel: »Lange konnte er die Fehler und den Verlust seiner Linie durch und dank unserer Spielstärke kaschieren. Doch dann brach das Kartenhaus zusammen«, attackierte er den ehemaligen Gastwirt, der im Frühjahr 1993 in Richtung Leverkusen verschwand.

Stepanovic konnte den impulsiven Uli Stein nicht zähmen, Nachfolger Klaus Toppmöller versuchte es erst gar nicht. Die beiden, Brüder im Geiste, vollzogen den Schulterschlag und entwickelten ein harmonisches Verhältnis bis zum letzten Tage: Als sich die Titelhoffnungen verflüchtigten, trennte sich die Eintracht von beiden vorzeitig.

Der Aufstieg mit Bielefeld

Arbeitslos wurde Uli Stein nicht. Der HSV stellte ihn wieder ein. Doch nur ein Jahr hielt es der Altprofi neben dem jungen Kollegen Richard Golz aus. 1995 wechselte er – für entsprechende Gage, versteht sich – zu Arminia Bielefeld, dem Klub, bei dem er 1976 seine Karriere begonnen hatte. Mit Thomas von Heesen, Steins Kumpel aus gemeinsamen HSV-Zeiten, als Dirigenten, dem ehemaligen Stuttgarter VfB-Stürmer Fritz Walter als Torschützen und dem inzwischen 41 Jahre alten Uli Stein im Tor meldeten sich die Ostwestfalen 1996 in der Bundesliga zurück, aus der sie 1971 wegen Bestechung ausgeschlossen worden waren – ein letztes Hurra, für den »Django des deutschen Fußballs«.

Ob im Spiel oder im Training, Uli Stein war immer ein Vorbild in Sachen Einsatz und Pflichterfüllung.

TOP 20

DINO ZOFF

Als Italiener in jeder Beziehung einmalig

Dino Zoff gilt bis zum heutigen Tag als Italiens bester Torhüter aller Zeiten. 1986 erhielt der »Schweiger aus Friaul« den goldenen FIFA-Orden.

Überschwenglichkeit gehörte nicht zu seinen Charaktereigenschaften und strenggenommen ist er gar kein richtiger Italiener: Dino Zoff, geboren in Friaul, wo das Sprichwort »Reden ist Silber, Schweigen ist Gold« zu den Lebensprinzipien gehört, spielte im Showgewerbe Fußball eher die Rolle des Spielverderbers. Weil er seine Zunge und auch sein Innenleben meist unter Kontrolle hatte, war er für die Medien, vor allem fürs Fernsehen, alles andere als ein interessanter Gesprächspartner.

Weltmeister mit 40

Nur zweimal hatte er Tränen der Rührung und der Freude in den Augen: 1982 in Madrid, als Italiens greiser Staatspräsident Sandro Pertini den 40jährigen nach dem Gewinn der Weltmeisterschaft impulsiv an seine Brust drückte, und acht Jahre später, als Zoff, inzwischen Trainer, in Avellino mit Juventus Turin den UEFA-Pokal gewonnen hatte.

Als der »Eisschrank« aus dem italienischen Norden als 25jähriger Torhüter des AC Mantua das Interesse der großen Klubs weckte und von dem Provinzverein AC Mantua nicht mehr zu halten war, rätselten die Experten, welcher Klub wohl das Rennen um den wortkargen Torhüter machen werde. Die meisten tippten auf den AC Mailand oder Juventus Turin, doch zur großen Überraschung der Fachwelt gab Zoff seine Unterschrift dem SSC Neapel.

In Mexiko zweite Wahl

Der nüchterne Verstandesmensch bei den heißblütigen Neapolitanern, konnte das gutgehen? Es ging gut. Die

»Ich muß zugeben, daß ich Dinos Talent nicht erkannt habe.« (Italiens Fußballegende Giuseppe Meazza, der Zoff als Jugendlichen bei Inter Mailand wegschickte)

Dino Zoff am Ziel seiner Wünsche: Mit 40 wird der Norditaliener in Spanien Weltmeister und nach dem Triumph in Madrid von Teamkollegen weggetragen.

Tifosi am Fuße des Vesuvs, für die Fußball eine Droge ist, die das Elend des Alltags für Stunden vergessen läßt, schlossen Zoff bald in ihr Herz und berauschten sich an seinem spektakelfreien, aber erfolgreichen Spiel. Und recht schnell wurde auch Nationaltrainer Ferruccio Valcareggi auf ihn aufmerksam. Mit Zoff gewann Italien 1968 die Europameisterschaft, ohne Zoff unterlag sie 1970 im WM-Finale Brasilien mit 1:4. Zu seiner Enttäuschung saß er in Mexiko auf der Bank, war er dort zweite Wahl hinter Enrico Albertosi vom US Cagliari.

1143 Minuten ohne Gegentor

Erst nach der EM 1972, bei der Italien im Viertelfinale gegen Belgien verlor, wurde Zoff, inzwischen bei seinem Lieblingsklub Juventus Turin unter Vertrag, die Nummer eins im Länderspieltor. Vom 20. September 1972 bis zum 15. Juni 1974 blieb er genau 1143 Minuten ohne Länderspielge-

KARRIERE-HIGHLIGHTS

Als Torhüter nahm Dino Zoff an **vier Weltmeisterschaften** teil. Sein erstes Endrundenturnier, 1970 in Mexiko, verbrachte er auf der Bank, sein zweites, 1974 in Deutschland, geriet zum Desaster (Italien mußte nach der Vorrunde heimfahren), und sein drittes, 1978 in Argentinien, endete in der zweiten Finalrunde nach dem 1:2 gegen Holland, in dem Zoff Weitschüsse vor Ernie Brandts und Arie Haan passieren ließ.
Erst im vierten Anlauf, **1982 in Spanien**, war er am Ziel seiner Wünsche: Mit 40 Jahren wurde Dino Zoff **Weltmeister**. Im Finale von Madrid schlug die Mannschaft Zoff, Scirea, Gentile, Collovati, Bergomi, Cabrini, Oriali, Tardelli, Conti, Rossi, Graziani (8. Altobelli, 88. Causio) Deutschland mit 3:1. 14 Jahre vorher, **1968**, hatte Italien mit Zoff, Salvadore, Burgnich, Guarneri, Rosato, Facchetti, Mazzola, De Sisti, Domenghini, Anastasi und Riva durch ein 2:0 im Wiederholungsspiel gegen Jugoslawien in Rom die **Europameisterschaft** gewonnen. Gleich zweimal hielt Zoff den **UEFA-Pokal** in seinen Händen: **1977** als Spieler von Juventus Turin nach dem Triumph über Athletic Bilbao (1:0, 1:2) und 1990 als Trainer von Juventus Turin nach dem 0:0 im Finalrückspiel in Avellino gegen den AC Florenz. Das Hinspiel hatte »Juve« mit 2:1 gewonnen.
1986 verlieh der Weltverband **Italiens bestem Torhüter aller Zeiten** den **goldenen FIFA-Orden.**

»Torhüter wie Dino Zoff sind für Trainer ein Geschenk des Himmels.« (Enzo Bearzot, mit Zoff 1982 Weltmeister)

gentor. Der dunkelhäutige Haitianer Sanon stoppte die Erfolgsserie beim 3:1-Sieg der Italiener in der WM-Vorrunde in München. Und noch ein Rekord: In elf Jahren in Turin verpaßte er kein einziges Meisterschaftsspiel!

Ungewöhnliche Fitneß

Neben Können und Glück zeichnete Zoff eine für Torhüter ungewöhnliche Fitneß aus. Mit seiner Atemkapazität von 7,5 Litern erreichte er Werte eines Boxers oder Radrennfahrers. Zudem bewahrte ihn seine ökonomische Spielweise weitgehend vor Verletzungen. Schüsse, bei denen seine Kollegen schon mal Kopf und Kragen riskieren mußten, fing er dank eines exzellenten Stellungsspiels und besonders scharfer Augen so ruhig ab, als sei es ein Kinderspiel. Nur bei Weitschüssen, wie im WM-Finale 1982 in Spanien, wo ihn Paul Breitner überraschte, zeigte er Schwächen. »Darauf sind wir italienischen Torhüter nicht vorbereitet, weil unsere Stürmer bis in den Torraum kombinieren«, lieferte er dafür eine plausible Begründung.

Schluß nach 22 Jahren

Im Sommer 1983 zog Dino Zoff nach 22 Profijahren seinen grauen Pullover – sein Markenzeichen – für immer aus. Nach dem 0:2 der Nationalmannschaft gegen Schweden und dem 0:1 von Juventus im Europapokalfinale gegen den Hamburger SV war ihm zu Ohren gekommen, daß die Turiner die Zukunft ohne ihn planen. Deshalb hörte er selbst auf – sehr zum Leidwesen von Staatspräsident Pertini, dem Zoff ans Herz gewachsen war. »Es tut mir leid, daß Du Abschied nimmst vom aktiven Fußball«, telegrafierte er »Dino Nazionale«.

DATEN UND FAKTEN

Geboren am 28. Februar 1942

Geburtsort: Mariano del Friuli

Klubs: US Udinese (1961–1963), AC Mantua (1963–1967), SSC Neapel (1967–1972), Juventus Turin (1972–1983)

Mit Juventus Turin UEFA-Pokalsieger 1977, Landesmeister 1973, 1975, 1977, 1978, 1981, 1982, Pokalsieger 1979, 1983
570 Punktspiele (italienischer Rekord)
112 Länderspiele (italienischer Rekord)
Weltmeister 1982
WM-Teilnehmer 1970, 1974, 1978
Europameister 1968
EM-Teilnehmer 1980
Als Trainer mit Juventus Turin 1990 UEFA-Pokalsieger
Seit 1994 Präsident von Lazio Rom

ANDONI ZUBIZARRETA

TOP 20

Ein Baske, den nichts umwirft

Wer im bezahlten Fußball ganz nach oben will, braucht in der Regel auch ein paar Schrittmacher, ganz ohne Lobby geht es eben nicht. Ausnahmekönner wie Franz Beckenbauer, Michel Platini oder Ruud Gullit hatten stets auch große Teile der Medien auf ihrer Seite. Meister der Feder oder des Mikrofons verschafften ihren Geniestreichen auf dem Rasen weltweites Echo und puschten – gewollt oder ungewollt – ihren sportlichen Aufstieg.

Cruyff führte die Front seiner Gegner an

Andoni Urrutea Zubizarreta paßt nicht ins Raster der gehätschelten Talente. Der Torhüter aus dem Baskenlande mußte in kritischen Phasen seiner Karriere nicht nur auf mediale

KELME
5

KARRIERE-HIGHLIGHTS

Als 19jähriger **übersprang er zwei Klassen**: Spaniens Torhüterlegende José Angel Iribar holte Andoni Zubizarreta vom Drittligaklub CD Alvés Aficionados zu Athletic Bilbao, wo Iribar seinen jugendlichen Bewunderer behutsam zu einem Torhüter der Extraklasse aufbaute. Mit Zubizarreta wurde der Renommierklub des Baskenlandes **1983 Landesmeister**, ein Jahr später Gewinner des Doubles (**Meisterschaft und Pokal**) – Grund für Miguel Munoz, dem Basken die Tür zur Nationalmannschaft zu öffnen. In der »Selección Española« löste Zubizarreta seinen baskischen Landsmann Luis Arconada ab. Bei **drei Weltmeisterschaften** – **1986**, **1990**, **1994** – gehörte er zu den Besten seiner Zunft. Zweimal, 1986 und 1994, kam Spanien mit ihm ins Viertelfinale. 1990 scheiterten die Spanier im Achtelfinale an Jugoslawien. Dennoch wurde Zubizarreta als überragender Torhüter des Turniers gefeiert. Terry Venables, der englische Trainer des FC Barcelona, bemühte sich 1986 mit Erfolg um den Nationaltorhüter und zahlte fünf Millionen Mark an Athletic Bilbao – damals Weltrekordpreis für einen Torhüter. Acht Jahre begeisterte Zubizarreta die Katalanen, erst unter Trainer Venables, später unter Johan Cruyff. Zweimal gewann »Barca« mit dem Basken den **Europapokal**, **1989** im Cupsiegerwettbewerb, **1992** im Landesmeistercup. Und beide Male war Sampdoria Genua der Gegner. 1989 siegten die Katalanen 2:0, drei Jahre später 1:0 nach Verlängerung. Nach dem 0:4-Debakel im **Landesmeistercup-Finale** 1994 gegen den AC Mailand trennte sich Cruyff von Zubizarreta. Dessen neuer Arbeitgeber wurde der FC Valencia. Nationaltrainer Javier Clemente, Baske wie er, hielt indes an seinem Landsmann fest. Mit 89 Länderspielen avancierte Zubizarreta **1993** zum **spanischen Rekordnationalspieler.** Inzwischen hat er 110!mal für sein Land gespielt. **1987** gewann er den begehrten **»Trofeo Ricardo Zamora«** (benannt nach Spaniens berühmtestem Torhüter, der zwischen 1920 und 1936 46mal im Länderspieltor stand und insgesamt nur 42 Gegentore kassierte). Er wird dem Schlußmann verliehen, der in einer Saison die wenigsten Gegentore auf seinem Konto hat.

Hilfe verzichten, sondern gegen eine beachtliche Front von Gegnern ankämpfen, die von keinem geringeren als Johan Cruyff angeführt wurde. Hollands Fußballheros brauchte als Trainer des FC Barcelona nach dem 0:4 im Europapokalfinale 1994 gegen den AC Mailand, das durch Sticheleien im Vorfeld (»Unter Sacchi spielte die Mannschaft attraktiv und erfolgreich, unter Capello nur noch 1:0-Fußball«) für ihn zu einem persönlichen Debakel wurde, einen Sündenbock. Da kam ihm sein Torhüter gerade recht, obwohl die Treffer durch Massaro (2), Savicevic und Desailly kaum zu verhindern waren.

Zubizarreta mußte sich einen neuen Arbeitsplatz suchen und ernsthaft um seine dritte WM Sorgen machen, zumal er im letzten Qualifikationsspiel gegen Dänemark nach zehn Minuten Rot gesehen hatte und Ersatzmann José Canizares den 1:0-Sieg über die Zeit retten half. Katalaniens Presse startete Umfragen, aus denen hervorging, daß Zubizarreta für sie ein Auslaufmodell sei. Nationaltrainer Javier Clemente, Baske wie Zubizarreta und Intimfeind von Cruyff, wurde aufgefordert, Canizares den Vorzug für die WM zu geben.

Von Clemente gestützt

Doch Clemente blieb stur, ignorierte die Empfehlungen und stellte den Landsmann 1994 im zweiten WM-Spiel gegen Deutschland (1:1) wieder ins Tor. Und spätestens nach dem 3:0 seiner Mannschaft im Achtelfinale gegen die Schweiz durfte er sich zum Festhalten an Zubizarreta gratulieren. «Als bester Mann auf dem Felde schüttelte die von Cruyff wenige Tage vor WM-Beginn aus seinem Meister-

Ein Mann der Superlative: Bei drei Weltmeisterschaften gehörte Andoni Zubizarreta zu den Besten seines Fachs.

Nach dem 0:4 im Europacupfinale 1994 gegen den AC Mailand mußte Andoni Zubizarreta beim FC Barcelona die Koffer packen, Nationaltrainer Clemente aber hielt weiter an dem Basken fest.

DATEN UND FAKTEN

Geboren am 23. Oktober 1961
Geburtsort: Vitoria (Provinz Alava)

Klubs: UD Aretxabaleta (1978–1979), CD Alvés Aficionados Vitoria (1979–1981), Athletic Bilbao (1981–1986), FC Barcelona (1986–1994), FC Valencia (seit 1994).

Mit Athletic Bilbao Landesmeister 1983, 1984, Pokalsieger 1984, mit FC Barcelona Europapokalsieger der Landesmeister 1992, Europapokalsieger 1989, Landesmeister 1991, 1992, 1993, 1994.
110! Länderspiele
WM-Teilnehmer 1986, 1990, 1994
EM-Teilnehmer 1988, 1996
1990 und 1992 zum besten Torhüter des Landes gewählt

team geworfene Torhüter-Legende die Kritik aus der Heimat locker ab«, faxte ein Reporter seiner Redaktion über den großen Teich. Im Viertelfinale gegen Italien hatte Spaniens Schlußmann dann das Pech, Minuten vor dem Abpfiff den anstürmenden Roberto Baggio nicht vom Ball trennen und so den 2:1-Siegtreffer verhindern zu können.

Auch nach der Rückkehr der Mannschaft aus Amerika verbiß sich ein Teil der Medien in dem Basken, doch Trainer Clemente ließ sich nicht beeinflussen, sondern vertraute weiterhin dem Mann, der bei drei Weltmeisterschaften seinem Land alle Ehre gemacht hatte.

»Hypnotische Kräfte«

Den meisten Beifall bekam Zubizarreta bei der WM 1990, obwohl Spanien nach dem Achtelfinale heimfahren und der Torhüter in diesem Spiel gegen Jugoslawien zwei Treffer des ansonsten lauffaulen Dragan Stoikovic hinnehmen mußte. »Ein Land, das so einen Torhüter hat, kann sich glücklich schätzen«, lobte Jugoslawiens Coach Ivica Osim den Basken, dem Effekthascherei fremd ist.

In den Vorrundenspielen gegen Uruguay (0:0) und Belgien (2:1) hatte er mit seinen dunkelbraunen Augen die Schützen Ruben Sosa und Enzo Scifo derart fixiert, daß sie ihre Elfmeter verschossen. Scifo knallte den Ball an die Latte, Sosa am Tor vorbei. »Offenbar verfügt Torwart Zubizarreta in solchen Augenblicken über hypnotische Kräfte, mit denen er auf sein Gegenüber einwirkt«, formulierte ein Kritiker.

Den Ruf, ein Hexenmeister zu sein, besaß er auch schon 1986. Als Belgiens Trainer Guy Thys im WM-Viertelfinale gegen Spanien die Schützen fürs notwendig gewordene Elfmeterschießen zusammensucht, blitzte er bei den Routiniers Jan Ceulemans und Eric Gerets ab. Sie fürchteten den Magier im spanischen Tor. So mußten die Youngsters Enzo Scifo, Nico Claesen und Patrick Vervoort sowie die Einwechselspieler Hugo Broos und Leo van der Elst die Verantwortung übernehmen. Zur Überraschung des Trainers trafen alle fünf und beförderten Belgien so ins Halbfinale. Zubizarreta aber mußte lesen: »Dreimal zielten die Belgier auf die Tormitte. Wäre er stehengeblieben, hätte er mühelos abwehren können.«

Es spricht für Andoni Zubizarreta, daß er, umgeben von Gegnern und Neidern, und immer Zielscheibe verbaler Angriffe, seit vielen Jahren Höchstleistungen bringt – ein Baske, den wirklich nichts umwerfen kann.

»Ein Land, das so einen Torhüter hat, kann sich glücklich schätzen. Für mich war Zubizarreta die Nummer eins bei der WM 1990.« (Jugoslawiens Nationaltrainer Ivica Osim)

adidas

Register

(Fettgedrucktes verweist auf Bildlegenden)

Lektorat und Bildredaktion: Sonja Mildt

Produktion und Layout:
VerlagsService Dr. Helmut Neuberger
& Karl Schaumann GmbH

Titelfoto: Sven Simon
Rücktitel: Horstmüller

Abbildungen Innenteil:
action press/Allsport S. 93, 101, 108/109, 111
action press/C. Bergmann S. 25
action press/Farabolafoto S. 119
action press/O. Fantitsch S. 115
action press/O. Hangen S. 52 unten
action press/Nordfoto S. 87
Baader S. 2/3, 40, 53, 67, 105, 122
Bergmann S. 1, 5 (2x), 29, 47, 66
Bongarts S. 4, 6/7, 22/23, 26, 59, 60, 69, 70, 73 (3x), 76/77, 81, 83, 84/85, 86, 117, 125
firo S. 57, 79
Keystone Press S. 12, 13, 14/15
Bernd Müller S. 43
Horstmüller S. 16, 19, 20, 72
Rauchensteiner S. 6, 32/33, 45, 48/49, 55, 71, 75, 88/89, 94, 96, 98/99, 100, 104, 112/113, 118, 121
Sven Simon S. 8, 9, 11, 27, 34/35, 50/51, 52 oben, 61, 63, 90/91, 102/103
Werek S. 21, 31, 39 unten, 41, 44, 56, 62, 64, 65, 97, 107, 128

Schwarzweißabbildungen:
Ullstein S. 36, 39 oben

Redaktionsschluß: 31. Juli 1996

Die Deutsche Bibliothek – CIP-Einheitsaufnahme
Fussball – die **besten Torhüter der Welt/**
Karlheinz Mrazek. –
München: Copress-Verl., 1996
(Top 20)
ISBN 3-7679-0518-3
NE: Mrazek, Karlheinz

Gesamtherstellung: Bruckmann, München
Printed in Germany
ISBN 3-7679-0518-3